山东省社科规划项目研究成果——基于文旅融合的中华优秀传统文化的创造性转化与创新性发展研究（项目批准号：21CKSJ09）

"鲁东大学'声速输入法'基金语言文字研究课题"研究成果⸺代烟台城市民俗变迁研究（SSCB202304）

烟台开埠
与近现代烟台城市
民俗变迁

Opening Port of Yantai
and Its Contemporary Folklore Changes

李凡◎著

中国财经出版传媒集团

经济科学出版社
Economic Science Press

图书在版编目（CIP）数据

烟台开埠与近现代烟台城市民俗变迁/李凡著 . --
北京：经济科学出版社，2023.8
ISBN 978 - 7 - 5218 - 5102 - 1

Ⅰ. ①烟…　Ⅱ. ①李…　Ⅲ. ①城市 - 风俗习惯 - 研究
- 烟台　Ⅳ. ①K892.452.3

中国国家版本馆 CIP 数据核字（2023）第 170871 号

责任编辑：于　源　侯雅琦
责任校对：徐　昕
责任印制：范　艳

烟台开埠与近现代烟台城市民俗变迁
李　凡　著
经济科学出版社出版、发行　新华书店经销
社址：北京市海淀区阜成路甲 28 号　邮编：100142
总编部电话：010 - 88191217　发行部电话：010 - 88191522
网址：www. esp. com. cn
电子邮箱：esp@ esp. com. cn
天猫网店：经济科学出版社旗舰店
网址：http：//jjkxcbs. tmall. com
北京季蜂印刷有限公司印装
710 × 1000　16 开　14 印张　210000 字
2023 年 8 月第 1 版　2023 年 8 月第 1 次印刷
ISBN 978 - 7 - 5218 - 5102 - 1　定价：56.00 元
（图书出现印装问题，本社负责调换。电话：010 - 88191545）
（版权所有　侵权必究　打击盗版　举报热线：010 - 88191661
QQ：2242791300　营销中心电话：010 - 88191537
电子邮箱：dbts@ esp. com. cn）

目 录
CONTENTS

第一章 绪 论

第一节 选题缘起

"怎样对待本国历史？怎样对待本国传统文化？这是任何国家在实现现代化过程中都必须解决好的问题。"① 当前，我国正处于"全面建设社会主义现代化国家"的重要时期，解决好这一问题尤为关键。习近平总书记始终强调："坚守中华文化立场。"② 中华优秀传统文化是建设社会主义先进文化不可缺少的基础和起点，要重视历史借鉴，汲取中华优秀传统文化中的养分。党的十八大以来，围绕传承和弘扬中华优秀传统文化，习近平总书记强调："文化是一个国家、一个民族的灵魂。文化兴国运兴，文化强民族强。没有高度的文化自信，没有文化的繁荣昌盛，就没有中华民族伟大复兴。"③ 这一论断把文化上升到国家灵魂、中华民族伟大复兴的高度，所以在《中共中央关于制定国民经济和社会发展第十四个五年规划和二〇三五年远景目标的建议》中提出，要繁荣发展文化事业和文化产业，提高国家文化软实力；到 2035 年我国将建成文化强国。围绕如何传承和弘扬中华优秀

---

① 牢记历史经验历史教训历史警示，为国家治理能力现代化提供有益借鉴 [N]. 人民日报，2014 – 10 – 14（1）.

② 习近平. 在文艺工作座谈会上的讲话 [M]. 北京：人民出版社，2015：10.

③ 中共中央党史和文献研究院. 全面建成小康社会重要文献选编（下）[M]. 北京：新华出版社、人民出版社，2022：988.

传统文化，习近平总书记早在 2013 年就明确提出："努力实现中华传统美德的创造性转化、创新性发展"①；2017 年将"坚持创造性转化、创新性发展，不断铸就中华文化新辉煌"写进党的十九大报告，这标志着创造性转化与创新性发展（以下简称"两创"）成为指导中国特色社会主义文化建设的一般性原则。"两创"方针既是新时代对待中华优秀传统文化的科学态度，也是继承发展中华优秀传统文化的基本方针。

"两创"的内涵彰显了"中国向何处去"这一时代之问的理论回应，习近平总书记说："一个民族、一个国家，必须知道自己是谁，是从哪里来的，要到哪里去。"② 因此，习近平总书记提出："人们在学习、研究、应用传统文化时坚持古为今用、推陈出新，结合新的实践和时代要求进行正确取舍，而不能一股脑儿都拿到今天来照套照用。要坚持古为今用、以古鉴今，坚持有鉴别的对待、有扬弃的继承，而不能搞厚古薄今、以古非今，努力实现传统文化的创造性转化、创新性发展。"③

习近平总书记这种开放的历史借鉴观是"两创"的重要内涵之一，我们只有不忘历史才能开辟未来，善于继承才能善于创新；要善于把弘扬优秀传统文化和发展现实文化有机统一起来，在继承中发展，在发展中继承。唯有如此，才能坚定文化自信，全面实现中国式现代化。

有鉴于此，对烟台开埠与近现代烟台城市民俗进行系统研究，具有厚重且深远的意义。具体而言，深入研究烟台开埠与近现代烟台城市民俗主要基于以下感知和思考。

一、彰显文化自信与中国式现代化

基于"反思现代性"的时代主题，为了破解精神物化的现代性危

---

① 习近平谈治国理政［M］．北京：外文出版社，2014：106.
② 习近平谈治国理政［M］．北京：外文出版社，2014：171.
③ 习近平谈治国理政（第二卷）［M］．北京：外文出版社，2017：313.

机，从传统文化中寻找现代性危机的破解方案已成为历史的必然。2014 年，习近平总书记在出席"纪念孔子诞辰 2565 周年国际学术研讨会暨国际儒学联合会第五届会员大会"开幕会时发表的重要讲话中指出："包括儒家思想在内的中国优秀传统文化中蕴藏着解决当代人类面临的难题的重要启示。"传统文化的文化禀赋、精神价值等是当代社会最根本、最深层的文化基因，这也是中华优秀传统文化复归的人类文明语境，"用中华文化振兴中华"成为时代的选择。

在此背景下，如何把跨越千年时空的中华优秀传统文化融入社会主义现代化强国建设，成为新的时代命题。早在 1990 年 1 月，李瑞环在全国文化艺术工作情况交流座谈会上发表的长篇讲话中，首次阐述了"关于弘扬民族优秀文化的若干问题"。此后，又陆续形成了"弘扬和培育民族精神""全面建设民族共有精神家园""中国共产党是中华优秀传统文化的忠实继承者和弘扬者"等表述，体现了以中华优秀传统文化振兴中华的坚强决心。

党的十八大以来，在"世界百年未有之大变局"的时代背景下，习近平总书记以"文化基因论"融通中华文化的古今，以"精神命脉论"确立了中华民族与国家的"根"与"魂"，以"两个结合论"彰显了中华文化的现实价值与意蕴，以"突出优势论"树立起中华民族坚定的文化自信，而"创造性转化与创新性发展"则是传承创新中华优秀传统文化的理论指导。

如今已经构建起一套内涵丰富、逻辑严密的中华优秀传统文化的理论认知体系，有效地推动了传统文化的传承发展，文化自信则成为"四个自信"之一，更进一步凸显了中国特色社会主义的文化根基、文化本质和文化理想，也是实现中华民族伟大复兴中国梦的精神动力。在此背景下，党的二十大报告强调要"推进文化自信自强，铸就社会主义文化新辉煌"，这不仅阐明了中国特色社会主义文化与全面建设社会主义现代化国家的关系，而且将文化自信自强作为中国式现代化的必然选择与应有之义，凸显了文化在建设富强民主文明和谐美丽的社会主义现代化强国中的重要地位与作用。这不仅有助于在全球文明图景中巩固中华文化立场坐标，而且能在文化自信自强中增强民族复兴的精神力量。社会主义现代化的磅礴进程，也将见证中华优秀传统文化的伟大复兴。

二、城市记忆与城市文脉的延续

城市是人类文明的产物，是人类进步的标志；城市也是人们集体记忆的场所，记忆则是城市的灵魂。1925 年，法国社会学家莫里斯·哈布瓦赫（Maurice Halbwachs）首次提出了"集体记忆"这一概念，他认为集体记忆不是个体行为，而是一种集体社会行为，因此集体记忆"是一个社会建构的概念，它也不是某种神秘的群体思想"。而且集体记忆构建的现实并不仅是过去，而是一种在历史发展下延续的"历时性"构建，过去的历史总是一种由持续和变迁、由连续和更新所组成的合成物。在此意义上，作为一种集体记忆的城市记忆，其重要意义就在于，城市记忆构建起了城市历史的连续性和稳定性，城市的发展历程借由城市记忆的完整而得以连续。阿尔伯蒂（Alberti，1994）指出了城市记忆的重要性，他说"失去其起源的记忆与连续性原则，城市将濒临毁灭"。

布正伟（2004）认为，城市记忆"就是人们对城市环境及其形态要素所具有的美学特征认同后所产生的集体记忆，其中包括了宏观、中观和微观各个方面的记忆。也可以说，城市记忆就是城市特色在人们心灵上打下的难以磨灭的物质文化与精神文化的烙印"。可见，城市是城市记忆的横向空间，或者说是城市记忆的"容器"，但城市本身并不会产生记忆，城市记忆的主体是具有记忆功能的人，社会个体通过参与城市日常活动与各种社会实践，并且受共同的语言、风俗、信仰等集体意识影响，在"美学特征认同"的基础上形成了城市记忆，因而城市记忆表现为趋向集体的共性。

城市本身经历了萌芽、发展、演变等动态过程，俄国作家果戈理曾说，"城市是一本石头的大书，每个时代都留下光辉的一页"，城市涵盖着跨越百年乃至千年的纵向时间。因此城市记忆也是一个动态发展系统。而城市中发生的无论是重大影响事件，还是普通的日常故事，都见证着隐藏在城市肌理中的时间痕迹，它们共同构成了城市记忆的客体。城市记忆的客体由自然与人文等诸多元素构成，其中一个重要构成元素就是城市文化，而民俗与民俗文化则是城市文化的核心要素之一，就此来看，民俗文化不仅是城市文化的重要组成部分，还是城市记忆的必备要素。

在城市漫长的发展历程中，形成了与生活在城市中的"人"息息相关的生活文化——民俗文化。城市民俗文化是启迪心智、启迪灵感的钥匙，是直观万象世界、体验人类文明的最简洁的参照，因为每一个城市的民俗文化，都是这个城市经过千百年实践后，筛选保留下来的成果，是整个城市智慧的结晶，是城市的"根"与"魂"，是城市的文脉。因此，只有让城市留下记忆，才能延续城市的文脉。改革开放以来，中国城市的发展速度加快，城市民俗文化的重要性更是日益凸显出来。如今，城市民俗文化已经成为重要的民俗文化遗产，是中华民族优秀传统文化的重要构成部分，是参与中国式现代化建设的重要文化元素。

城市记忆就是城市的文明发展史，旗帜鲜明地标识着每座城市独有的精神价值和特色品质，留住城市的历史记忆，就是延续城市的文脉。对烟台而言，烟台开埠以及由此带来的近现代烟台城市民俗的演变是构建烟台城市记忆的核心要素，是烟台文脉不可或缺的一部分，所以本书选取烟台开埠后的城市民俗作为研究主题，试图通过对那一时期的商贸生产、衣食住行、婚丧节庆、休闲娱乐等日常生活中民俗事象的考察，揭示特定历史时期烟台城市民俗的发展演变、特点及社会功能，并着重关注城市中人的生活，以探究城市社会生活深处的特性，深刻理解城市的文化生命，延续烟台的城市文脉。

三、城市文化符号与城市文化资本

城市是人类社会的发展中心和动力，城市也是一种生活方式，城市社会能够让人们或者强迫人们去追求理想，因而城市是社会发展的动力源和"文化动力因"，正因如此，城市也是人类文化的容器。在城市这个文化容器中，形成了城市的理性价值，形塑出不同的城市文化特质和城市精神，而这种城市文化特质和城市精神则构成了城市独特的文化符号。城市还是具有公共财富属性的"城市文化资本"再生产的综合体，"城市文化资本"是城市特有的发展动力要素，具有资本的垄断性、历史的延续性、价格的刚性和文化的品位性，从而使城市具有独特的吸引力。更重要的是，通过"人"的创造性转化，"城市文化资本"使城市具有鲜明的地域性和强烈的现代性，形成了一种以人文精神为象征的城市"文化动力因"，这不仅是城市的文化软实力，是构成城市竞争力的重要因素，还是发展城市文化事业和文化产业的重要平台。

烟台是一座具有悠久且独特发展轨迹、文化积淀深厚的历史文化名城，也是美丽的滨海城市。但作为滨海城市，烟台与大连、青岛、日照、威海等城市的相似程度极高，仅凭"海"的形象，不足以形成具有辨识度的烟台城市符号。对烟台而言，开埠文化及与此密切相关的城市民俗文化不仅体现了烟台深厚的文化积淀，而且也彰显了烟台独特的文化传统，富于特色且多彩多姿的开埠文化和城市民俗文化是烟台重要的文化符号。不仅如此，开埠文化与近现代烟台城市民俗文化是烟台"城市文化资本"再生产的重要动因，是创新与构建烟台"城市文化资本"体系的重要内容。

第二节 文献回顾

首先需要明确的是，本书中的烟台城市与当前烟台行政区划中所确定的城市区域不同，而是特指近代开埠城市意义上的"烟台"，即现芝罘区所在地的主城区部分。芝罘区是以明代奇山千户所城和清代烟台市街发展起来的烟台主城区，是烟台现代城市的发源地，是本书研究的主要区域。就时间而言，近现代特指烟台开埠之后至中华人民共和国成立之前，即1861～1949年，本书主要研究在这个时间段内烟台城市民俗的演变。

本节将通过烟台开埠与城市民俗的文献回顾，梳理烟台开埠与烟台城市民俗的研究现状，这将为本书提供重要的借鉴和参考。

一、烟台开埠的学术回顾

烟台自 1861 年开埠，至今已有 160 余年，开埠是烟台城市发展史上最重要的节点。关于此节点的学术研究，早期以地方文献资料汇编为主，学术研究主要集中于近些年。故而，关于烟台开埠的学术回顾可以分为两部分：一是关于烟台开埠的地方文献资料收集与整理；二是关于烟台开埠的学术研究，如关于烟台开埠史、烟台开埠的影响研究，以及烟台与其他开埠城市的比较研究等。

（一）相关地方文献资料的收集与整理

1. 民国时期的地方文献资料

烟台开埠研究始于相关地方文献资料的收集与整理。烟台开埠最早且较为集中的文献资料出现于民国时期，在 20 世纪 20 年代～20 世纪 40 年代，以当时的烟台城市管理者或社会名流为主，前后编纂出版了一些烟台城市概览性质的志书，其中，《烟台要览》《烟台通志》《烟台概览》《烟台大观》这四部最具代表性。不到 20 年的时间，有多部志书出版，足以证明那时的烟台人对史料的重视，这些志书的共同特点为：多是图文并茂，较为详细地记录了当时烟台社会生活的各个方面，这些形象具体的珍贵文字和鲜活生动的图片资料具有非常重要的史料价值，是研究近现代烟台城市历史与文化不可或缺的珍贵文献。

第一，《烟台要览》。最早出版的是由当时烟台著名的报人和社会活动家郑千里编纂的《烟台要览》，该书于 1923 年由胶东新报社发行。该书"意在利便商民"，使"吾内外国民得知烟台及胶东附近之山川地势政治文物并工商风俗等"，是一本类似城市手册的指南图书，所以又名《烟台指南》。书中资料除作者"耳目所及，自行著述调查外，并杂采见闻，证以各种图籍书报之纪述"，因而在这四部民国志书中，该书的文献价值最高。全书分为首编、续编两卷。

首编分上下两册，收录了当时烟台各界社会名流撰写的 18 篇序文，正文共 26 篇，每篇又分若干章节，细目有 200 余则，分别记述了烟台的沿革、地势、气候、人民、机关、教育、贸易、货币、农产、水产、蚕牧、丝业、工业、商业、金融、交通、税务、司法、警察、卫生、邮电、慈善、宗教、风俗、名胜古迹和食宿游览。此外，该书还刊登了一些民国时期烟台企业和银行的广告，如张裕酿酒有限公司、醴泉啤酒汽水厂、源成泰香皂制造厂、瑞丰面粉公司、中国南洋兄弟烟草公司、麟呈祥绸缎庄、上海商业储蓄银行、烟台济东实业银行、农业银行、交通银行、华俄道胜银行等，成为研究烟台近现代工商业发展的重要资料。

续编"专为供给普通社会实用"，所以内容"渐趋于日用常识"，分为 18 篇，分别是沿革补、福山志、岁时、格言、礼制、社交、文件、联话、尺牍、商务、家事、警备、衣服、饮食、器具、医药、畜养、栽种、工艺、学术、体育、通俗、游戏、电码、行名、附录。

第二，《烟台通志》。该书是由英国人阿美德（A. G. Ahmed）编写的英文图书 Pictorial Chefoo（1935 – 1936），翻译为《烟台通志》，于 1936 年出版。该书正文分为 5 章，分别介绍了烟台的历史概览、行政机构、贸易和工业、交通运输和通信，以及社会、教育和宗教。在附录中收录了烟台港口规章制度和运输资料等内容。这本书的特点是，随文配有 235 幅图片，对当时烟台的重要商会、机构、团体、人物等进行了图文并茂的介绍。本书主要为前来烟台的外国旅行者和商人提供参考，因而书中重点介绍了与外国人有关或外国人更感兴趣的内容，与中国传统志书不同，其更像是一本插图简约版的城市小百科，类似于城市简介、城市指南，内容浅显甚至部分地方可能不甚准确。但该书将 1935~1936 年的烟台作为一个历史横断面，内容包罗万象且生动具体，图文并茂地呈现了那个时期烟台有血有肉的社会生活史，因而是研究烟台城市发展的重要资料。本书的中文版于 2007 年由齐鲁书社出版，书名翻译为《图说烟台（1935 – 1936）》。

第三，《烟台概览》。该书由当时的烟台特区专员公署编纂，1937 年由胶东卍字报社复兴印刷书局出版发行。编纂者仲绍文在序言中自述了此书的主要目的，即弥补郑千里所编《烟台要览》之众多缺陷，以供外来观光者参考。该书分别记述了烟台的地理区位与方域、古迹名胜、风俗商情、海防、行政、交通、宗教、慈善、教育、金融与关税、商业、工业、物产、医药、文化事业、机关与团体、宿食游览、各项章则等，附录中收录了烟台的名律师。此外，书中也刊发了政记轮船股份有限公司、烟台的醴泉公司、同记丝织工厂、福兴公罐头制造厂、瑞丰面粉公司，以及药品等其他类的广告。

第四，《烟台大观》。该书于1940年出版，由日伪烟台市公署情报宣传室策划，委托鲁东日报社组织专门的《烟台大观》编辑处编写，该书分12章，分别记述了烟台的方域、中日机关、教育文化、经济、通信、交通运输、卫生、观光及史实、娱乐机关、宗教及救恤、日本人进出状况、绅士录等内容。该书在内容方面简单粗陋并明显带有为日本侵略辩解的痕迹，其价值在于：提供了关于抗战时期日本侵略者对烟台的政治统治和经济掠夺等方面的重要资料。

除以上四部志书外，1931年出版的《福山县志稿》中也记载了烟台开埠的珍贵史料。在民国福山县志中有专门的"商埠志"，分为缘起、关税、商业、海防、衙署公所、祠庙、桥梁、沟渠、街道、附近各村和海口11章，记载了烟台开埠后的商业发展状况，以及当时烟台的街道、祠庙、海防等情况，提供了研究烟台开埠的重要史料。

2. 当代地方文献资料的收集与整理

近些年，对烟台开埠的地方文献的收集与整理日益增多，主要有以下3类地方文献资料。

第一，烟台的地方志。方志是中国传统文化的重要源流之一，正所谓"国有史，邑有志"，所以编修地方志是中华民族的优秀文化传统，中国自古就注重编史修志，盛世修志，以垂鉴未来；志载盛世，以泽惠千秋，编修地方志是历史赋予的一项承前启后、继往开来的事业。新中国成立以来，党和国家领导人高度重视地方志工作，根据《地方志工作条例》，地方志书每20年左右编修一次，烟台市按照该规定编修了烟台的地方志。烟台的地方志可以分为两类。

一是综合性地方志。与本书相关的综合性地方志主要有《烟台市志》（1994 年）、《芝罘区志》（1994 年）、《福山区志》（1990 年）等。1994 年修订出版的《烟台市志》对烟台的发展历史进行了详尽记述，关于烟台开埠前后的各种历史变化均有具体描述，为烟台开埠的研究提供了商业、军事、文化、宗教、饮食、医药卫生、教育、方域等方面的宝贵资料。1994 年修订出版的《芝罘区志》编写范围是原烟台市历史区域范围，上限为 1840 年，下限为 1985 年底，所以在书中也记载了与烟台开埠相关的重要文献资料。福山修志始于明朝，清朝和民国时期均又重新修订了福山县志①，1990 年出版的《福山区志》是在明清与民国志书的基础上重新续修，上限不限，尽量追溯到事物发端，所以该书记载了与烟台开埠相关的一些珍贵史料。

地方志是"一方之全史"，是从自然到社会、从政治到经济、从历史到现实、从人物到风貌等各个方面的社会大观综录，因而综合性地方志的重要价值在于全面客观真实地记载了烟台的经济、社会、文化等各个方面的发展状况，不仅具有"存史、育人、资政"等重要作用，而且"修志问道，以启未来"，也为烟台开埠的学术研究提供了珍贵史料。

二是行业志、部门志、企事业单位志。仅靠《烟台市志》等综合性志书不能包罗全市浩如烟海的丰富史料，所以烟台市还编修了独立的行业志、部门志和企事业单位志，形成了门类齐全、内容全面、史料系统、特色鲜明的方志体系。与烟台开埠相关的志书主要有：《烟台市教育志大事年表》（1985 年）、《烟台市二轻工业志（1840－1985）》（1985 年）、《烟台市供销合作社志》（1986 年）、《烟台市林业志》（1987 年）、《芝罘水产志》（1987 年）、《烟台民政志》（1987 年）、《烟台市商业志（1861－1985）》（1987 年）、《芝罘商业志》（1987 年）、《烟台卫生志（612－1985）》（1987 年）、《烟渔史志》（1987 年）、《烟台市纺织志（1858－1985）》（1988 年）、《烟台丝绸志》

---

① 福山区历史悠久，6000 多年前的新石器时期，境内就有人居住。商、西周为莱国地，秦、西汉置腄县，唐置清阳县，以后隶属多次变更。金天会九年（1131 年）设福山县，历代沿之。1983 年 11 月撤销福山县建制，改为烟台市市辖区——福山区。

（1988 年）、《烟台农业志（1840 – 1985）》（1988 年）、《烟台农村金融志》（1989 年）、《烟台水产志》（1989 年）、《烟台邮电志》（1990 年）、《烟台市财政志（1840 – 1985）》（1990 年）、《烟台市建材工业志（1800 – 1985）》（1990 年）、《烟台市福山区水利志》（1990 年）、《胶东军事志（1840 – 1985）》（1990 年）、《烟台市财政志（1840 – 1985）》（1990 年）、《烟台市水利志》（1991 年）、《烟台保险志》（1991 年）、《烟台市一轻工业志（1892 – 1985）》（1991 年）、《烟台物资志（1861 – 1988）》（1992 年）、《烟台报业志》（1993 年）、《烟台市交通志（1840 – 1985）》（1993 年）、《烟台市民族宗教志》（1993 年）、《烟台市体育志》（1993 年）、《烟台市毓璜顶医院志（1914 – 1994）》（1994 年）、《烟台人物志》（1998 年）、《烟台文化志》（1999 年）、《烟台海关史概要（1862 – 2004）》（2005 年）、《烟台市工商行政管理志（1840 – 2005）》（2008 年）、《烟台市工商业联合会志》（2012 年）、《烟台市税务志（1840 – 1983）》（2013 年）等。

这些行业志、部门志、企事业单位志分门别类且翔实地记述了开埠前后烟台的邮电业、文化业、报业、保险业、建材业、轻工业、纺织业以及烟台的工商业、宗教、卫生医药、水利、军事、财政、金融、交通、物资、人物等各个方面的历史沿革与发展变化情况，成为研究烟台开埠的重要资料。

第二，人民政协文史资料。人民政协的文史资料工作是周恩来同志于 1959 年 4 月首倡并培育起来的，自上而下在全国展开，除"文化大革命"期间，这项工作一直延续至今。政协文史资料的特点是"三亲"（亲历、亲见、亲闻），因而史料都是由历史事件的亲历者、见证者、知情人口述或撰写的亲历、亲见、亲闻的第一手资料，在一定意义上也可以称之为"田野资料"，具有重要的"存史"作用，是重要的史料。在此背景下，烟台的文史资料工作也取得了不菲的成绩。与本书相关的主要有《烟台市文史资料》《芝罘文史资料》《福山文史资料》等。

迄今为止共出版《烟台文史资料》20 多辑，截至 2021 年共出版《芝罘文史资料》19 辑，《福山文史资料》19 辑。这些文史资料记载了与烟台开埠相关的商业、宗教、人物、实业、交通、饮食、城市建设、文化娱乐等各个方面翔实且生动的第一手史料，这些资料均来自当事人的生活经历或见闻，在一定意义上是烟台开埠重要的"田野资料"，多角度地呈现出鲜活生动的烟台社会生活风貌，在匡史书之误、补档案之缺、辅史学之证方面具有独特作用。

此外，为发挥"文以化人，史以资政"的作用，2016 年由政协烟台市委员会主办的《烟台文史》正式创刊发行并延续至今，发掘、收集并整理了一批与烟台开埠相关的珍贵资料。

第三，烟台档案史料。烟台市档案馆根据馆藏档案，编辑出版了烟台档案史料丛书，与本书相关的主要有：《历史的回眸》（2008 年）、《烟台城市记忆（1861 – 1936）》（2009 年）、《烟台档案精品集》（2016 年）、《档案资政参考》（2020 年）、《档案·烟台记忆》（2021 年）等。这些档案史料图文并茂地反映了老烟台的沧桑波澜，还原了历史真实面目，是研究烟台开埠的珍贵史料。

第四，烟台地方文化资料。在我国 20 世纪 80 年代"文化热"的推动下，烟台的地方学者也逐步开始重视并研究烟台地方文化，出版了一批与烟台地方文化相关的书籍，与烟台开埠相关的主要有：《烟台风物志》（1983 年）、《烟台地名选编》（1986 年）、《烟台港史（古、近代部分）》（1988 年）、《老烟台影览》（1996 年）、《老烟台街巷》（1999 年）、《烟台史话》（2000 年）、《烟台百年大事记》（2002 年）、《老烟台春秋》（2002 年）、《烟台精华》（2003 年）、《中国近代建筑总览——烟台篇》（2004 年）、《烟台大观》（2005 年）、《烟台历史掌故》（2005 年）、《烟台旧事》（2006 年）、《老烟台风情》（2008 年）、《烟台开埠记忆》（2009 年）、《烟台小吃传奇》（2009 年）、《烟台要事考略》（2010 年）、《烟台港 150 年纪事》（2011 年）、《芝罘湾深处》（2011 年）、《烟台文化通览》（2012 年）、《烟台美食　丹桂记忆》（2013 年）、《烟台史海撷英》（2014 年）、《老烟台履痕》（2015 年）、《老安少怀：烟台恤养院研究》（2016 年）、《烟台区域文化通览·芝罘卷》（2016 年）、《烟台区域文化通览·福山卷》（2016 年）、《烟台老街故事》（2019 年）等，这些书汇集了众多烟台开埠的相关史料。此外，还翻译出版了《烟台一瞥：西方视野下的开埠烟台》（2015 年）等书。

除上述单本的图书外，还出版了一些系列丛书，与本书相关的主要有：史纪明的烟台民俗文化系列丛书——《烟台美食文化》（2005 年）、《烟台婚姻文化》（2006 年）、《烟台建筑文化》（2007 年）；2007 年由烟台市人民政府和烟台市胶东文化研究会联合出版的"烟台历史文化丛书"——《沧海千年》《风云人物》《明山秀水》《锦绣风情》；由芝罘区政协、芝罘历史文化研究会组织编纂，于 2016 年出版的芝罘历史文化丛书——《古城春秋》《星汉灿烂》《山海风情》《辉耀古今》，芝罘历史文化系列图书——《老烟台武术》（2014 年）、《烟台邮话》（2014 年）、《烟台老字号》（2017 年）、《山东战邮珍罕邮品图选》（2019 年）、《图说烟台老洋房》（2020 年）、《烟台史撷》（2022 年）；由芝罘历史文化研究会主办的"芝罘历史文化"系列图书等。此外还有由芝罘地方史志办公室主办的"芝罘历史文化丛刊"。

烟台地方文化的研究主体是烟台的地方文化学者和由地方学者组成的地方学会。这些地方学者多数是"生于斯长于斯"的烟台"土著"，他们热爱并关心烟台文化，所以长期深耕于地方文化的发掘和研究，为弘扬烟台地方文化做出了巨大贡献，其中安家正、谭鸿鑫等人最具代表性。安家正先生对烟台地域文化涉猎广、著述多，先后推出研究和创作巨著 16 卷，被著名作家峻青称为"白皮书"，他本人被誉为胶东地域文化的活字典。谭鸿鑫先生是烟台知名的文史学者，他撰写的《老烟台春秋》《老烟台影览》等是研究近现代城市发展的重要资料。在学会方面，成立于 2012 年的"烟台市芝罘历史文化研究会"在烟台地方文化的挖掘、整理与研究方面发挥了巨大作用，出版了"芝罘历史文化系列图书"等，为研究烟台开埠提供了大量资料。

上述烟台地方文献资料的收集与整理，虽然很多是以简单的记述为主，甚至有些简单粗糙，部分内容不准确，但是也为烟台开埠研究提供了大量珍贵资料，正是借助于这些资料，才使烟台开埠的学术研究成为可能，并取得了一定成就。

（二）烟台开埠的相关学术研究

在各种地方文献收集与整理的基础上，近年来学者们开始对烟台开埠进行相关的学术研究，主要集中于 3 个研究方向。

1. 烟台开埠史研究

烟台开埠研究首先应关注烟台开埠史的研究，但实际上关于这方面的研究相对少，现有的研究主要是针对烟台开埠史中某些具体事件的研究，如金延铭（2009）的《〈马关条约〉烟台换约考》专门考证了 1895 年中日两国于烟台换《马关条约》的具体情况，连心豪（2009）的《清末民初龙口开埠设关论略》中对民国初年龙口开埠情况进行了具体考究，董建霞（2007）的《近代山东开埠与区位分析》对山东开埠的总体与区位情况，如烟台、青岛、济南等进行了总体分析。通过梳理烟台开埠史的研究现状可以发现，我国缺乏对烟台开埠史全面系统的研究，而这则是研究烟台开埠的原点，因此安家正（2003）发表了《呼唤〈烟台开埠史〉》。从研究的时段来看，关于烟台开埠史的研究基本是在 2010 年之前，2010 年以来的研究更少。针对这种研究现状，本书将对烟台开埠始末进行系统梳理与研究。

2. 烟台开埠的影响研究

毋庸置疑，开埠是烟台发展史上的核心节点之一，开埠对烟台的方方面面都产生了本质影响，因此这方面的研究最为集中、数量最多，研究主要集中于开埠对烟台的宗教活动及其影响、经济活动及其影响、城市的发展变化等方面。

第一，西方宗教活动及其影响研究。开埠之后，西方的宗教随之进入烟台，对烟台的宗教、教育、医药卫生等各个方面都产生了重要影响，这方面的研究论文较多，如邓云（2005，2007，2008，2010）、辛俊玲（2000）、赵海涛（2007）、王妍红（2014）等的研究。通过梳理可以发现，这一方向的研究较为全面，涉及了西方宗教进入烟台后对教育、文化、卫生等事业的各种影响。但是笔者认为，西方宗教进入后对烟台的婚丧嫁娶等民俗文化也产生了重大影响，如对婚丧嫁娶的仪式与观念的影响等，但这方面的研究相对较少。

第二，经济活动及其影响研究。开埠对烟台最大的影响莫过于经济活动，使烟台的经济结构发展了根本转变，这方面的研究数量较多。一是针对当时的商业贸易活动本身展开，如刘玫（2010）的《浅论烟台的近代商业贸易》一文主要分析梳理了开埠后烟台商业贸易的变化与发展状况，烟台的商贸如何进入资本主义世界体系并使烟台的商业结构随之发生改变；索淑婉（2008）的《浅析近代烟台对外贸易的兴衰及其原因》、徐双华（2009）的《晚清烟台对外贸易的发展及其衰落原因分析》等主要分析了开埠后烟台对外贸易的兴衰过程及其在内外力作用下衰落的具体原因；李军（2006）的《晚清烟台东海关税收及其结构分析》主要分析了东海关的税收情况及其结构构成，并通过烟台海关贸易的变化来揭示山东对外贸易的发展变化规律和轨迹、各种因素对山东对外贸易的影响等；郑博和郭伟亮（2003）的《烟台开埠与西方列强对烟台的侵略和掠夺》一文主要研究了开埠后西方列强通过在烟台广泛设立洋行、苦力贸易等在经济上如何掠夺烟台。

此外，还有部分论文研究了开埠后的经济活动对烟台的影响，如赵彬（2002）的《近代烟台贸易与城乡关系变迁》、徐黎明等（2009）的《开放环境下的近代烟台城乡关系》两文研究了烟台开埠后，商贸活动的繁荣使近代城市功能逐步完善，并实现了人口的聚居，从而实现了城乡联动发展，形成了城市支配乡村发展的城乡关系。此外，曲春梅（2009）的《近代胶东商人与地方社会研究》、石会辉（2008）的《民国时期山东商业历史考察（1912－1937）——以青岛、济南、烟台为例》中也涉及了开埠后烟台的商业贸易等经济活动对烟台的影响。关于这两个方向的研究，在 2010 年前相对较多，2010 年以来较少；在研究内容方面，针对烟台开埠后经济活动的影响研究相对薄弱，尤其是对烟台的社会与民俗变化的研究更为薄弱，而本书将对这一薄弱方向进行重点研究。

第三，烟台的城市空间与市民结构等城市发展变化研究。开埠后，随着商业贸易等经济活动、文化卫生事业的发展以及建筑格局与城市分区的逐渐形成等，烟台的城市建设逐渐发展，使烟台由开埠前一个默默无闻的小渔村开始成为当时的国际型港口贸易城市，这方面的研究也必不可少。目前关于这方面的研究主要可以分为三个方向：一是针对开埠后烟台城市空间形态的发展研究，如支军（2007）的《开埠后烟台城市空间形态变迁探析》研究了开埠前后烟台城市空间形态的演变，并形成了烟台的娱乐区、商业区、工业区、洋人聚居区、住户商号区五大区；在此基础上，支军（2011）在《开埠后烟台城市空间演变研究》一书中进行了更为系统的研究，王建波（2006）的《烟台城市空间形态的演变》研究了近代以来烟台城市的宏观空间形态是如何形成与演变的。二是针对开埠后烟台市民结构的发展变化进行研究，如滕松梅（2008）的《抗战前烟台市民构成分析》专门对开埠至抗战前烟台的市民构成和阶层划分进行了研究，划分出了以商人群体为主的上层，以职员群体为主的中层，以及以学徒、苦力、工人等为主的下层。三是专门研究烟台城市的近代化过程，如葛晓茜（2008）的《烟台城市近代化的历史考察》考察了开埠后烟台作为一种开埠城市的近代化过程，"约开商埠"是烟台近代化的起步，外来资本主义等外力成为烟台近代化的主要动力。总体而言，关于烟台城市发展变化的研究内容还较为单一，除了针对城市空间、市民构成、城市的近代化过程进行研究外，较少涉及城市生活的研究，如市民的日常饮食、文化娱乐以及各种服务性的活动等，而这正是本书的核心。

第四，关于烟台开埠影响的综合研究。除了对烟台开埠后的宗教、经济与城市发展进行专门研究外，还有个别学者对烟台开埠的综合影响进行了研究，如邓云（2009）的《开埠对近代烟台社会的影响探析》一文全面研究了开埠后给烟台的海关制度、进出口贸易、人口分布与城区建设等社会发展带来的影响。这方面的研究寥若星辰，而本书的核心正是关于开埠后烟台社会变化的综合研究分析。

3. 与其他开埠城市的比较研究

在近代史上，山东曾经有多个城市先后开埠，开埠后这些城市的发展程度与速度参差不齐，山东开埠城市的比较研究也必不可少，这方面的研究主要集中于将烟台与济南、青岛等开埠城市进行比较，以探究开埠后这些城市的发展规律。例如，刘慧（2008）的《济南与烟台城市早期现代化比较研究》专门研究了开埠后，济南与烟台城市现代化过程中的发展道路、发展动力以及城市地位与功能的异同；刘慧（2007）的《外力对近代济南与烟台发展影响之比较》表明在济南与烟台城市发展中，外力对烟台的冲击远远大于济南。通过梳理可以发现，这方面的研究方向单一、数量少，还有很多方向可以研究。

4. 烟台开埠文化的开发利用研究

近几年，随着旅游业的发展，对烟台开埠文化的开发利用研究逐渐增多，研究内容集中于烟台开埠文化的旅游资源分析与开发对策，董莎莎（2016）、王晓妮（2019）、翟倩（2020）、王露彤（2021）、王磊（2022）等分别从不同角度提出了烟台绒绣、朝阳街等烟台开埠文化的活化利用与开发对策。

二、烟台近现代城市民俗研究的学术回顾

烟台近现代城市民俗变迁研究的学术回顾可以从 3 个层面展开：一是城市民俗研究的学术回顾；二是烟台民俗研究的学术回顾；三是近现代烟台城市民俗变迁研究的学术回顾。

（一）城市民俗研究的学术回顾

狭义的城市民俗主要指的是城市特有的民俗，有产生于城市、关于城市自身、城市历史、城市风物、城市建筑和市民生活等的民俗，还有经过改变的、被赋予城市色彩的乡村民俗。而许多城市的民俗都有着悠久的历史和丰富的文化内涵，形成了具有深厚文化积淀的城市民俗文化。在概念的使用上，很多学者更倾向于使用"都市民俗"。都市民俗与城市民俗的区别在于，都市民俗包括的地域范围更广阔，既包括城市也包括乡镇。本书基本将两个概念等同使用，因此在学术史的梳理方面也包括都市民俗研究的相关文献。

由于受民俗学自身发展的影响，城市民俗文化的研究在国内外一直是被忽视的领域，直到 20 世纪 70 年代后半期，都市民俗学兴起，

城市民俗才开始进入众多研究者的视野。

第一，国外关于城市民俗文化的研究。国外关于城市民俗的研究早于国内，而日本和美国是该方向研究的权威与代表。城市民俗文化研究于 20 世纪 60 年代在美国开始兴起，由此不仅成为一个不可缺少的学科领域，也形成了"公众民俗"研究的主体。美国学者在该方面的研究内容主要集中于美国城市民俗文化体系研究，如美国的都市传说、美国城市民俗文化发展史研究、美国城市民俗文化特征论研究、符号论研究、美国城市民俗文化的实证研究等①。日本的城市民俗文化研究略晚于美国，兴起于 20 世纪 70 年代后半期。伴随着日本经济的高速增长，城市居民人口已经占据全国总人口的七成以上，日本的民俗社会发生了巨大变化，因此学者们将目光从传统的乡村转向城市，其研究重点主要集中于城市民俗学的理论方法、城市民俗文化体系研究、城市民俗文化的个案研究、城市民俗文化的保护研究等。例如，日本学者岩本通弥（2000）的《日本都市民俗》、仓石忠彦（2009）的《城市民俗学方法》、郭海红（2009）的《日本都市民俗学研究述略》、中村贵（2021）的《通往"新都市民俗学"之路——从日本都市民俗学及其问题谈起》等都对日本都市民俗研究的总体情况进行了研究。近几年，日本都市民俗学的研究更注重微观视角，如川部裕幸和郭海红（2021）的《传染病的都市民俗——江户"天花文化"初探》、王晓葵（2018）的《现代日本社会的"祭礼"——以都市民俗学为视角》分别对日本都市中的天花文化和"祭礼"进行了研究。近年来，伴随着以消费生活为导向的"生活革命"，日本民俗学转向了有

---

① 美国宾西法尼亚大学民俗学专业博士生罗杰·亚伯拉汉斯的博士论文《深入到流浪汉宿营地：费城街巷的黑人民间叙事文学》可以算是美国都市民俗学的奠基之作，阿兰·邓迪斯对民俗的界定也推动了都市民俗学的发展；1973 年在美国印第安纳大学召开了一个题为"Folklore in the Modern World"的国际会议，对美国都市民俗学的发展起到了很大的促进作用。此外，美国都市民俗学研究中也产生了很多优秀的个案，如扬·哈罗德·布鲁范德的《消失的搭车客》（李扬、玉珏纯译，广西师范大学出版社于 2006 年出版）对都市传说的研究推动了都市传说研究在世界范围内的普及。整体而言，美国的都市民俗学萌芽于二十世纪六七十年代，到二十世纪八十年代基本完成了传统民俗学的转型，转变为现代之学，这种研究取向决定了美国民俗学者的目光更多地聚焦于日益城市化的现代社会。

关"生活革命"的学术研究①。除美国与日本外，韩国、芬兰、德国、法国、英国也有部分学者致力于该方向的研究。

第二，国内城市民俗研究。国内关于城市民俗文化的研究起步较晚，随着改革开放以来城乡建设一体化步伐的加快，民俗学科开始关注都市民俗，直到 20 世纪 80 年代我国著名学者钟敬文先生才首次提出了城市民俗文化的研究，并由此引发了城市民俗文化研究的小高潮，但这一时期的研究重点多集中于城市民俗文化的"发凡"。1992 年，上海民间文艺家协会编辑出版了《中国民间文化》第八辑"都市民俗学发凡"专辑。1993～1997 年，民俗学界对城市民俗文化的研究相对沉默，仅有少量的研究文章，如冯桂林（1994）的《都市民俗特征刍议》、王娟（1996）的《校园民俗》等。这种状况一直持续到 20 世纪末，城市民俗文化研究才重新掀起了波澜，形成了一些研究成果，如陶思炎（2004）的著作《中国都市民俗学》和论文《都市民俗学体系和都市民俗资源保护》，方川（1998）的《中国城市民俗特征论》、吴存浩（2004）的《城市民俗文化与农村民俗文化差异论》、菅丰著、陈志勤译（2008）的《城市化·现代化所带来的都市民俗文化的扩大与发展——以中国蟋蟀文化为素材》、王欣东（2009）的《外来文化对中国都市传统民俗的影响及其原因》等。这一时期，上海的城市民俗文化研究取得了较为丰硕的成果，学者们从上海城市民俗文化的形成、发展、特点，城市民俗文化事项以及城市民俗文化遗产保护等多个角度进行了研究。其中，蔡丰明（2005，2009，2011）的研究成果颇具代表性。总体而言，这一时期我国的城市民俗文化研究主要集中于城市民俗文化基本概念的探讨与基本体系的构建等方面。

随着城市民俗研究日益深入，中国民俗学者有了建立关于都市民俗学分支学科的尝试，并涉及了学科体系、都市民俗资源保护、民俗中心转移论、主体与空间流动论、传统与现代磨合论等多方面的议题，

---

① 日本的福田亚细男、岩本通弥、岛村恭则、仓石忠彦等学者在此方面都有杰出贡献，中国学者周星的《关注世事变迁、追问"生活革命"的民俗学》（发表于《民间文化论坛》2022 年第 1 期）对日本民俗学的"生活革命"研究进行了系统梳理与述评。

关于城市民俗的专项研究也随之展开。其中，关于都市传说的研究较多，如张敦福（2005，2006）的《都市传说初探》《解析都市传说的理论视角》等对都市传说的基本理论进行了深入系统研究；近10年来，任志强（2015）、李扬（2016）等继续探讨都市传说的类型索引、分类方法等基础理论，而魏泉（2013）、黄景春（2014）、徐金龙和林铭豪（2021）等则从微观视角对都市传说进行案例研究。除都市传说外，学者们的研究视角还转向了与人们日常生活相关的民俗文化的研究。例如，岳永逸（2007）的《近代都市社会的一个底边阶级——北京天桥艺人的来源、认同与译写》对北京的天桥艺人进行了专项研究，董晓萍（2009）的《北京城市用水的民俗学研究》对北京城市用水民俗的社会现实意义进行了研究，许连军和李云安（2006）的《全球化背景下都市民俗研究对象变迁论》对都市民俗研究对象从静态的、平面的市民研究转向"农民—居民—市民"的动态研究进行了全方位考察。

而随着"非遗"逐渐升温和城市化进程的加剧，一方面，学者们开始自觉地关注城市民俗文化的收集整理与保护研究，山曼（2001）的《济南城市民俗》、姜锋等（2009）的《青岛城市民俗》、蔡丰明（2001，2020）的《上海都市民俗》和《上海城市民俗史》等收集整理了相关城市的都市民俗，《城市语境中的民俗文化保护》（蔡丰明，2010）对当代上海城市民俗文化遗产的保护与开发利用进行了理论探索；同时，高小康（2008）等还探讨了都市发展与非物质文化遗产传承、非物质遗产与都市民俗等问题。另一方面，学者们开始关注现代化进程中的城市民俗理论与实践研究，程洁（2011）提出了城市民俗圈理论，并分析了城市民俗圈与城市文化分层的关系；徐赣丽（2016）关注的是城市化背景下民俗学的"时空转向"，由于城市化带来的传统民俗变迁，民俗文化随之从民间文化转变为大众文化，在《迈向现代民俗学——都市文化研究的新路径》（徐赣丽，2020）中，通过理论探讨与实证研究，沿着这一方向进行了更加系统的研究；张晓瑾（2015）在《中国第四代艺术村：武汉昙华林的都市民俗学研究》中结合案例，重点关注了艺术村向都市民俗村如何转型的问题，为都市民俗在城市中如何产生、展现、变化、流传的过程提供理论借鉴；鞠熙（2018）

提出，城市为民俗传承变迁提供了新的路径，这也是民俗学传承发展的第四种解释——自愈论；岳永逸（2018）的研究则关注了都市化情境下中国民俗学要回归日常生活；近年来，周星（2017，2022）则持续关注了民俗学视域下中国人的"生活革命"。

通过城市民俗研究的学术回顾可以发现，城市民俗研究经历了早期的城市民俗学的学科体系研究、中期的城市民俗实践研究，现在则更关注城市化背景下民俗及民俗学的发展与转向，其中也涉及城市民俗变迁研究，这将为本书的研究提供理论指导与借鉴。

（二）烟台民俗与烟台城市民俗研究的学术回顾

烟台城市民俗研究起步较晚，相关研究可以分为两类：一是烟台民俗志类的民俗资料收集整理研究；二是烟台城市民俗的学术研究。

第一，烟台民俗志与烟台城市民俗的收集与整理。烟台民俗志的收集与整理可以分为两类：一是专门的烟台民俗收集与整理，例如钱曾怡（1982）的《烟台方言报告》专门对烟台的语言习俗进行了记述与研究；山曼和兰玲（2007）撰写的烟台历史文化丛书之风俗卷——《锦绣风情》，对烟台的岁时节令、衣食住行、婚丧嫁娶、生产贸易、家族、信仰、游艺竞技等民俗都进行了具体的记述；史纪明（2005，2006，2007）撰写的烟台民俗文化系列丛书——《烟台美食文化》《烟台婚姻文化》《烟台建筑文化》分别对烟台的美食习俗、婚姻习俗、建筑居住习俗进行了专门记述；山曼（1995）还对烟台的地方风俗、饮食风俗等进行了专门研究。二是在其他的志书中涉及了部分烟台民俗，如山曼（1988）的《山东民俗》、曹艳英等（2006）的《胶东民俗文化与旅游》等书中涉及了烟台的部分民俗资料。此外，在各种志书，如《烟台市志》《福山县志》《牟平县志》《中华地方志资料汇编》等书中都专门收集了烟台部分的民俗资料。

特别需要指出的是，上述研究主要是烟台整体的民俗志研究，既有乡村民俗，又有城市民俗，以乡村民俗为主，城市民俗为辅，将乡村民俗与城市民俗混在一起进行记述，尚未有人提出烟台城市民俗这一概念。因此，关于烟台城市民俗的研究，一方面在现有的研究中确实已经涉及了部分研究内容，如《老烟台影览》（1996 年）、《老烟台街巷》（1999 年）、《老烟台春秋》（2002 年）、《烟台历史掌故》（2005 年）、《烟台旧事》（2006 年）、《老烟台风情》（2008 年）、《烟台美食丹桂记忆》（2013 年）、《烟台史海撷英》（2014 年）、《老烟台履痕》（2015 年）等书中记载的民俗事项基本以烟台城市民俗为主；但另一方面，几乎无人专门对此进行研究。

第二，烟台民俗与烟台城市民俗的相关学术研究。烟台民俗的学术研究起步晚，近几年才有学者对烟台民俗进行了研究，研究成果数量较少。管勤积和杨焕鹏（2011）在《近代以来烟台天后信仰与城市社会空间变迁》中研究了烟台的天后信仰对城市空间变化的影响，赵丙祥（2008）在《卫城门外的船队——14 世纪以来的地方史进程与殖民遭遇》中从历史人类学的角度研究了烟台等地的近代城市民俗。有的学者侧重于烟台民俗的开发利用研究，如兰玲（2010）的《烟台民俗文化资源赋存及其开发利用初探》探讨了烟台民俗文化资源的分类和开发利用的具体措施，其中涉及部分烟台城市民俗文化。整体而言，烟台城市民俗的研究少且散乱，几乎无人研究烟台城市民俗在烟台开埠后的发展演变。

（三）近现代烟台城市民俗变迁研究的学术回顾

截至目前，尚未有学者专门对开埠后近现代烟台城市民俗变迁进行专门研究，只是在其他论文中略有涉及，如管勤积和杨焕鹏（2011）的《近代以来烟台天后信仰与城市社会空间变迁》涉及了烟台城市信仰习俗的变迁和城市居住习俗的变迁，邓云（2007，2008）的《传教士对烟台近代化发展的意义》《浅析近代来华传教士对烟台社会变迁的影响》、辛俊玲（2000）的《近代烟台教会学校论述》涉及开埠后烟台教育习俗的变迁，邓云（2005）的《来华传教士与近代烟台社会变迁》涉及了烟台整体的社会变迁，刘玫（2010）的《浅论烟台的近代商业贸易》涉及了烟台商贸习俗的变迁，赵彬（2002）的《近代烟台贸易与城乡关系变迁》、徐黎明等（2009）的《开放环境下的近代烟台城乡关系》涉及了城乡关系变迁等。此外，在《烟台市志》《烟台文史资料》《老烟台春秋》《老烟台影览》等书中也记载了部分烟台近现代城市民俗变迁的资料。

通过学术回顾可以发现，近现代烟台城市民俗变迁的视角还较为单一，研究较为薄弱，如婚丧嫁娶、节日礼仪、饮食等重要习俗尚未涉及，并缺乏近现代烟台城市民俗变迁的学理探讨与整体研究。

上述学术回顾表明，目前关于烟台开埠和近现代烟台城市民俗变迁的学术研究存在两个问题：一是研究视角单一散乱，不成体系，有很多研究内容尚未涉及；二是现有研究较为薄弱，尚未将研究深入民俗文化生存的场域与语境，而民俗变迁与民俗文化的生态环境是息息相关、互相依存的。

有鉴于此，本书将烟台近现代的城市民俗变迁放置于烟台开埠及其发展这个特定的民俗语境之中，以探寻其变迁轨迹与规律。通过研究城市民俗变迁可以更透彻地认识城市的成长过程，这也正是本书关注的核心内容；通过系统研究烟台城市民俗变迁，深刻理解并认识烟台这座城市的发展演变与内在精神，这也是本书的理论关照。

第三节 研究取向与理论关照

本书以近现代烟台城市民俗为研究对象，将其"还原"到烟台开埠后近现代的烟台城市这一具体语境，因此是以民俗学的"生活文化整体观"为基础，致力于对那一特定时期人们日常生活的微观考察。因此，本书借鉴了新文化史和微观史的研究取向，以中国近代城市史、日常生活史研究为理论指导，以烟台城市民俗为切入点，审视近现代烟台城市空间中民众的日常生活，通过对那一时期民众微观的日常"生活革命"的描摹，"深描"烟台城市民俗变迁，勾勒出那个特殊时空背景下烟台的城市文化图式，基于对民众微观生活世界的宏观思考，提炼近现代以来烟台的城市精神，为烟台城市文化的创造性转化与创新性发展提供有益借鉴。

一、研究取向：新文化史与微观史

21 世纪以来史学界的日常生活史研究蔚然成风，这在相当程度上是受西方新文化史、微观史的影响。西方的新文化史从 19 世纪 80 年代以来逐渐兴盛，受这一"文化转向"影响，西方的学者们把研究视角从宏大叙事转向了大众文化史和微观史的日常取向，并取得了一大批研究成果。近年来，中国学者在这个方面的研究也有所突破。其中，曾受到中西学术训练的王笛及其著作非常具有代表性，他的专著《街头文化：成都公共空间、下层民众与地方政治（1870 – 1930）》（2006年）、《茶馆：成都的公共生活和微观世界（1900 – 1950）》（2021 年）、《碌碌有为：微观历史视野下的中国社会与民众》（2022 年）都备受称赞，这三部著作是"小历史"与"大历史"相结合的经典作品，他"把历史放在显微镜下，倾听普通人的声音，看到更鲜活、更有血有肉的历史"，具有重要的方法论意义。除王笛和他的研究外，罗新的《漫长的余生：一个北魏宫女和她的时代》（2022 年）、鲁西奇的《喜：一个秦吏和他的世界》（2022 年）、赵世瑜的《鸣沙·猛将还乡：洞庭东山的新江南史》（2022 年）、李硕的《翦商：殷周之变与华夏新生》（2022 年）等都是微观史研究的代表性成果。

新文化史和微观史的研究取向是"眼光向下，贴近生活""把普通人作为他们研究的主要对象"。在此背景下，普通民众的日常生活进入研究者的视野。在方法上"转向讲究叙事和细节的人文的方法"，借助高超的叙事技巧，展露在传统的大历史中被忽略和遮蔽的普通民众及其日常生活，将普通"小人物"的命运起伏放置于波澜壮阔的历史进程，借助"无微不至"的细节来反映时代变迁。因此，关注微观世界的日常生活史研究成为一种观察历史的视野。

这就决定了该研究取向在研究方法上"兼具微观与宏观视角"，注重"讲故事""在这些宏大的框架之下，我尽量以丰富的细节、具体的人物、真实发生的事件作为例子，采用微观视角来说明大的社会，使历史变得有血有肉，展示中国社会的丰富多彩。[1]"为了实现这些研究目标，所以往往采用多学科交叉研究，虽然是从历史学的角度来观察中国社会及其生活，但是研究中"使用的材料和研究成果却囊括了文学、社会学、人类学、法学、经济学、政治学等其他多个学科。这样，以多学科交叉的眼光来看中国社会，视野更宽广，思考更清晰，知识更贯通，理论更深刻。[2]"

那么，什么是"日常生活"？学者常建华[3]结合中外学者的研究归纳出日常生活的三个特点：一是生活的日常性，重视重复进行的"日常"的活动；二是一定要以"人"为中心，不能以"物"为中心；三是综合性，由于日常生活是一种综合性的日常活动，单研究某一种个别活动不能反映当时人的完整生活，因此对日常生活的研究一定要在单项研究的基础上进行综合研究。

"日常生活"的这些特点也决定了日常生活史在研究对象与范围上的优势，普通民众及与其日常生活相关的"食、衣、住、行、娱乐、旅游、节庆、欲望、品味、文物、街道、建筑、节庆"[4] 等方面都进入了学者的研究视野。本书的研究对象正是普通民众及其所创造、传承和践行的日常民俗与民俗文化。"人"始终是民俗的主体，人所践行的民俗实践活动琐碎而具体，关涉人们生活的方方面面，而正是人们顺应时代变革的"生活革命"带来了烟台城市民俗的变迁，所以日常生活史的研究取向可以为本书的研究提供方法论的借鉴。关注普通民众

---

[1][2] 引用了王笛对其著作《碌碌有为：微观历史视野下的中国社会与民众》（中信出版社于 2022 年出版）特点的自述。

[3] 常建华教授倡导并推动了中国的日常生活史研究，他先后撰写《从社会生活到日常生活——中国社会史研究再出发》（《人民日报》2011 年 3 月 31 日）、《日常生活与社会文化史——"新文化"观照下的中国社会文化史研究》（2012 年）、《中国社会生活史上生活的意义》（2012 年）和《生活与制度：中国社会史的新探索》（2021 年）；主编了《中国日常生活史读本》（2017 年），在科学出版社推出主编的"中国日常生活史研究系列"（《日常生活视野下的中国宗族》《中国日常生活史研究的回顾与展望》《中国历史上的日常生活与地方社会》）；并出版了著作《日常生活的历史学——中国社会史研究三探》（2021 年）。

[4] 李孝悌，美国哈佛大学历史学博士，研究方向是明清以来的社会文化史、城市史。著有《清末的下层社会启蒙运动（1901－1911）》《明清以降的宗教城市与启蒙》等，《恋恋红尘：明清江南的城市、欲望和生活》是新文化史与微观史研究的经典之作。

及其微观的日常生活可以引导我们进入烟台城市内部，在烟台的城市空间中，仔细考察普通民众日常生活的细节，还历史以"血肉"，以尽量详细的叙事来展现近现代以来烟台城市中热闹、世俗、真实的市民生活；聚焦市民的日常生活史，重构近现代以来烟台的城市图景；以小见大，追问民俗变迁、城市精神与社会转型等大问题。

二、理论关照

研究时段与研究对象决定了本书要采用交叉学科的视角，充分吸收借鉴民俗学、历史学、人类学、心理学、社会学等多种学科的相关理论。本书格外关注历史民俗学、"生活革命"和民俗学的"日常生活"转向，通过实证研究建立起相关解释框架，使我们对近现代以来的烟台城市民俗有更丰富、更多元、更深刻的理解，并在此基础上对研究取向和理论视角进行深度的学理反思。

（一）历史民俗学

20世纪下半叶，中、日、韩等东亚国家的民俗学者提出"历史民俗学"这一研究概念。历史民俗学是民俗学与历史学的交叉融合，但是迄今为止对"历史民俗学"尚无普遍认同的定义。通俗来讲，历史民俗学是指关于历史时期的民俗、民俗学及其记录的研究。萧放（2010）认为中国的历史民俗学有两条研究路径：一是从现存民俗事象出发，探寻民俗事象的形成演变的历史向度；二是以历史上形成的民俗文献为依据，研究不同历史时期具有传承性的民间生活文化事象，并对这些民俗事象进行记录与学理性评论，包含民俗史、民俗学史、民俗文献志三方面。目前学界关注到了第一种研究路径，有一定的成果，但更多则是侧重于第二种研究路径①，而微观日常生活史的研究取

---

① 《中国民俗史论》（齐涛，1992）；《民间风俗志》（高丙中，1998）；《狂欢与日常：明清以来的庙会与民间社会》（赵世瑜，2002）；《徽州社会文化史探微——新发现的16至20世纪民间档案文书研究》（王振忠，2002）；《唐代节日研究》（张勃，2013）；《汉唐风土记研究》（李传军，2015）等。

向决定了本书更倾向于第一种研究路径，"从现实民俗事象出发，对其形成演变进行历史向度的探寻"。

本书的研究旨趣在于，立足现在，在开埠后烟台城市发展的语境下，面向民众的日常生活，充分吸收和借鉴历史学、人类学、社会学、心理学等多学科理论，探寻近现代烟台城市民俗的发展演变；在传统与现代的双向视角下，深度阐释民众价值观的演变，以及由此而形成的城市精神的价值和意义；通过对传统社会现代化的再思考，溯源烟台城市文化传承与创新发展的文化基因，并在此基础上阐述对于当代烟台城市发展的意义。

（二）"生活革命"与民俗学的"日常生活"转向

本书以史学界的新文化史和微观史为研究取向，这与民俗学的研究转向也密不可分。近年来，"普通人民的日常生活"已经成为东亚各国现代民俗学的重要研究对象，在这方面的研究中，日本民俗学界最具代表性。周星（2022）认为，几乎所有民俗学家都意识到了消费和"生活革命"带来的日常生活巨变，正是因为深切感受到民俗文化传承发生的断裂，以及民众生活意识的巨大变化，所以长期以来"生活革命"始终是日本民俗学颇为关注的研究领域，关注世事变迁和民俗变化成为日本民俗学一直以来的重要传统，日本民俗学关于"生活革命"的学术研究成果丰硕[①]。

其实，在 20 世纪 20～40 年代，我国学界就从风俗史研究的角度关注民众生活，并取得了一些成果[②]。改革开放以来，中国的社会、经济

---

①　日本神奈川大学国际日本学部教授周星系统地梳理了日本民俗学界关于"生活革命"的研究成果。他认为，伴随着持续的经济高速增长和大规模的都市化、近代化，日本全社会得以实现国民物质消费水准的大幅度提升，衣食住用行等日常生活发生了全面变革和整体性巨变，即"生活革命"。所谓"生活革命"就是狭义的民众"消费革命"。日本民俗学研究生活革命积累了许多重要的成果，如生活革命与都市化的关系，团地社区（小区）与生活革命的关系，都市化和故乡意识的变化，衣食住行、婚丧嫁娶、生老病死等在日常生活的革命过程中发生的诸多变化，以及农村生活的变迁与开发、都市居民的田园憧憬等。

②　1918 年初北京大学发起了在全国征集歌谣的号召，在社会上逐渐形成了收集、整理和研究民歌的热潮。从 1918 年 2 月开始到 1936 年 6 月结束，征集到的歌谣总数达 16000 余首；1922～1937 年，全国各地出版的民歌集有 61 种，发表研究论文 100 多篇。例如，顾颉刚先生的《孟姜女故事研究》、妙峰山香会的历史考察与系列成果等都是其中优秀的研究成果。

与文化都发生了结构性巨变，普通民众的日常生活也发生了急剧的变革，可以将其理解为日常生活发生了革命。在此时代背景下，加之民俗学关注历史与现实的学科特性，中国民俗学者从不同的学术路径出发，将民俗学研究转向"当下民众的日常生活实践"。王杰文（2018）教授认为，民俗学转向日常生活研究的重要意义在于，通过考察历史和传统对于当下的意义，以及如何应对这种历史性，民俗研究将过去与现在结合在一起，也把民俗学研究与当代社会进程中的普遍问题联系起来，从而自觉地参与国家与社会的发展进程，这也是民俗学的学科意义与责任担当。民俗学转向日常生活研究的核心要义是关注民俗学与社会变迁之间的关系，其底层逻辑是"民俗学与现代化的关系"。

因此，"生活革命"与民俗学研究的"日常"转向为本书的研究提供了理论指导。本书的研究对象是烟台开埠后近现代烟台城市民俗的变迁，要回答的问题是"为什么""如何变迁""是什么"。首先要回答的是，烟台开埠后，为什么烟台城市民俗会发生变迁。简单而言，开埠带来了烟台城市的经济文化与社会发展，其本质就是一场"生活革命"，由此引发城市民俗变迁。其次要弄清楚近现代以来烟台城市民俗如何变迁，变迁的机制与路径有哪些。最后要弄清楚近现代以来烟台城市民俗的整体状况，包括烟台城市民俗的具体内容及发生了哪些变迁，兼顾"生活文化整体观"与微观生活史的双重视角，并将近现代烟台城市民俗放置于烟台城市民俗发展的总体进程，阐释其对后世发展的意义。

在此基础上形成本书的总体架构，分为四部分。第一部分是对近现代烟台城市民俗生存语境的分析，烟台开埠及其带来的烟台城市在经济、文化与社会各个方面的发展是烟台城市民俗变迁的实践语境；第二部分是近现代烟台城市民俗变迁的机制与路径分析，认同、传播、发明、借用、涵化等将形成烟台城市民俗变迁的不同路径；第三部分是近现代烟台城市民俗整体状况的分析，主要包括烟台城市民俗变迁的民俗志书写，将整体观与微观史相结合，格外关注普通民众的日常生活；第四部分是对近现代烟台城市民俗变迁的总体思考，分析烟台城市民俗变迁中的文化重构与价值阐述，关注近现代烟台城市民俗变迁对当代烟台城市民俗文化及其发展的意义，以推动烟台优秀文化的创造性转化和创新性发展。

第四节 理论借鉴与研究方法

基于本书的研究对象与研究内容，在研究近现代烟台城市民俗变迁中，借鉴了民俗学、文化人类学、社会学、历史学等学科的相关理论和研究方法。

一、理论借鉴

1. 文化变迁理论

文化是人类适应环境的结果，因此文化必然要随着环境的变化而改变，这就是文化变迁。文化变迁一直都是文化人类学研究的核心主题，虽然文化变迁是文化的固有特性，但是文化变迁的速度、方向却各不相同。正是基于对文化变迁的不同认知和阐释而形成了文化人类学的各个理论流派，从早期的文化传播论，到后来的象征人类学、解释人类学等，都在探寻文化变迁的动力、机制、模式等。因此，文化人类学的文化变迁理论可以为本书的研究提供重要理论指导。

一般认为，文化变迁指文化内容与文化结构的变化，前者是指单个文化特质或文化丛的变化，后者形成了文化整体或是大部分特质的变化。促使文化变迁的原因有两类，一类是文化变迁的根本原因——文化的内部原因，这是基于人们对追求的永不满足和对需要的不断追求；另一类是外部原因，如环境的变化、文化的接触与迁移等。近现代烟台城市民俗变迁正是在内因与外因的共同作用下，是内因与外因双重合力的结果。文化变迁的内因促使那时的烟台市民自觉地进行了"生活革命"，以满足他们对"美好生活的向往和追求"；而文化变迁的外因则为人们"对追求的永不满足和对需要的不断追求"提供了实践"场域"。

在解释变迁过程或途径时，社会人类学者最常运用的概念包括传播（diffusion）、文化丧失（cultural loss）、涵化（acculturation）、发明（innovation）等。认同、变异、发明、传播、文化丧失和涵化也是烟台城市民俗变迁的机制和路径。基于此，形成了近现代烟台城市民俗的"强制"变迁，最终使烟台这个城市融入了"现代化"这一最宏大的全球化进程，因而近现代烟台城市民俗变迁就成为现代化与全球化社会叙事的一个侧影。

2. 文化再生产理论

法国社会学家皮埃尔·布迪厄（Pierre Bourdieu）是当代最具影响力的思想家之一，他在 20 世纪 70 年代初提出的文化再生产理论被广泛运用于人文社会科学的研究中，成为人文社会科学领域重要的分析工具。布迪厄的文化再生产理论有 3 个核心概念——场域（field）、资本（capital）和惯习（habitus），他以"场域—资本—惯习"这个三位一体的概念为切入点，分析资本及文化资本。"文化再生产"这一概念表明，社会文化是一个动态过程，文化再生产的方式不断演进，推动了社会的进步。

宗晓莲（2002）认为，文化再生产理论对于文化变迁研究在两个方面具有启发意义。第一，布迪厄提出的一些富有启发性的观念对深入了解文化变迁的实质具有重要作用。文化再生产理论认为，文化是处于不断再生产中的动态过程，他还强调文化是人在一定的社会条件下，创造性、适应性改变的结果，这可以为分析近现代烟台城市民俗变迁提供借鉴。第二，把文化再生产观点作为分析问题的方法，有助于全面认识文化变迁的过程。场域、资本和惯习可以用于阐释近现代烟台城市民俗变迁的过程，在近现代化的烟台城市这个"场域"中，外来"资本"、本地"资本"与人们的"惯习"相互作用，实现了烟台城市民俗文化的再生产。

二、研究方法

研究对象和研究内容决定研究方法，本书研究的是距今已有百余年的近现代烟台城市民俗变迁，但同时，现在的烟台城市中还保留了百年之前的大量文化记忆与文化遗产，为本书的研究提供了活态资料，因此本书主要采用文献研究法和田野作业法。

（一）文献研究法

文献研究法是一种被广泛使用且行之有效的科学研究方法，该方法是通过搜集、整理与分析各类文献，基于文献而形成科学认知，实现研究目标。在研究过程中，本书尽可能穷尽与研究对象相关的各类文献，一类是相关的理论文献，主要包括学术著作、期刊论文、学位论文和研究报告等，为研究提供理论指导和理论支撑；另一类是资料文献，主要涵盖了与烟台相关的地方志、地方文史资料、民间文本、报刊文章等。对这两类文献全面系统的梳理、分析与考辨，形成了本书的研究框架和研究取向，奠定了本书写作的重要基础。

（二）田野作业法

田野作业法是源于人类学的一种科学研究方法，自英国的人类学家马林诺夫斯基（Malinowski，2002）确定了人类学的研究范式后，即"现代人类学特有的学术活动是在长期田野工作（fieldwork）的基础上写作一部民族志，完成某种理论证明"，田野作业法被广泛应用于各种人文社会学科。基于本书研究对象的特殊性，该方法也适用于本书的研究。

本书研究对象虽然距今已远，但其区别于纯粹的"历史"上存在过的现象之处是，近现代烟台城市发展及城市民俗仍"活态"地存在于部分老烟台人的记忆中，现在烟台还较好地保存着大量开埠后建成的近代建筑，以老建筑、老街道等实物形式和老烟台人的集体记忆存在着、延续着的近现代烟台城市文脉，为本书的研究提供了田野调查的可能性。

因为笔者就生活于烟台，长期以来以深度参与的方式进行了多年的"非正式"田野调查，通过深度体验与深度观察，不仅获得了研究所需的资料，而且获得了具身性体验，这些具身性体验有助于在研究中"主位"与"客位"的转化。同时，研究过程中还进行了"正式"的田野调查，调查主要以深度访谈的方式，对生活在烟台老街巷、老建筑中的老烟台人进行了访谈，获取了研究所需的相关资料。

第二章 烟台开埠

就城市的起源而言，有因"城"而"市"和因"市"而"城"两种类型：因"城"而"市"是指城市的形成先有城后有市，市是在城的基础上发展起来，多见于战略要地和边疆城市；因"市"而"城"则是先有市场后有城市的形成，比较多见。烟台属于典型的因"城"而"市"，"奇山守御千户所"的设置为烟台建城之始，而1861年开埠则使烟台真正实现了由"城"而"市"，从传统港口城镇演变为近代商埠城市。在半殖民地化的社会背景下，随着开埠的推进、城市的逐步形成与发展、外来人口的大量进入，19世纪末烟台作为中国北方三大贸易港口之一（其他两大贸易港口是牛庄和天津），进出口的船只数和吨位数一直处于领先地位，烟台港一度成为中国最重要的国内、国际贸易港，是中国北方货物的集散地。烟台呈现出近现代都市色彩，是当时山东最发达的城市，影响并带动了周边城镇的近现代化。开埠成为烟台城市发展史上的核心节点之一，也成为近现代烟台城市民俗变迁的实践语境。那么，开埠前的烟台发展程度如何？烟台具备哪些开埠的优势条件？烟台是如何开埠的？这些是首先需要弄清楚的问题。

第一节 开埠前的烟台

开埠使烟台由传统港口城镇发展为近代重要商埠城市，使烟台从封闭性城堡转变为开放的口岸城市，开埠是烟台城市发展史上的里程碑，开埠前后的烟台截然不同。烟台为何能成为山东最早的开埠城市，这与开埠前烟台的发展程度密切相关，为了更全面地认识烟台开埠，需要追溯古代烟台城市的发展过程，在追根溯源的过程中全面认识开埠前的烟台城市发展。而在开埠之前的烟台发展史上，则以明朝在烟台设立奇山守御千户所为界，分为两个阶段：烟台城市聚落选址的初步确定和烟台城区聚落核心的形成。

一、烟台城市聚落选址的初步确定

这一时期从有烟台之始至明洪武三十一年（1398 年），烟台城市聚落的选址在这一阶段初步确定，城市聚落核心基本形成。

烟台海上活动的历史十分久远，早在新石器时代（距今约 7000 多年前），随着地质史上的最后一次海浸海退，芝罘湾初具雏形，古代先民们就在这个地方生息繁衍，创造了灿烂和辉煌的胶东史前文化。芝罘湾不仅是哺育胶东史前文化的摇篮，同时也是我国古老海上交通的发祥地之一。此外，20 世纪 80 年代芝罘区白石村和芝水等史前遗址的考古发现证明，早在 6000 年前，烟台城区一带就有了原始的人类聚落，这些聚落后来可能已发展成小的方国。当然，远古人类的活动并不是烟台城市的真正形成，烟台城市的真正形成源于西周时期。

西周初年，姜尚受封于齐国，芝罘岛与其他七处圣地一起成为齐国的疆域，烟台首次出现在历史典籍上。烟台地区属东莱，公元前 567 年齐国灭东莱后属齐，烟台境内第一次有了城池，丰富的海、盐资源使城内外的交易很快发展起来，并发行了自己的货币。当时的"之罘村"（后改称"之罘大疃"，简称"大疃"）是烟台境内最早的村庄。秦灭齐后在今福山设立腄县，秦国时期烟台最有影响的是位于腄县东北的芝罘岛，芝罘港是秦帝国四大海港之一。汉朝建立后，保持了腄县的设置，并新设立了两个县城，一个位于今开发区古现一带，称为牟平，另一个位于今牟平县城，称为"东牟"，三座城市由西到东沿海均匀分布。东汉时腄县裁撤，南北朝时东牟县裁撤，唐贞观元年（627 年）原牟平县裁撤，麟德二年（665 年）在汉代东牟故城址重置牟平县，至今不变。金伪齐阜昌五年（1134 年）在原腄县故城址重设县城名为"福山",此后之罘地方归福山县管辖,实行保、社建置,将芝罘岛划为东北保,之罘村划为之罘社,牟平县也在金代改为县级宁海州,直至清末,金代以后基本保持了两个城市聚落的分布状态。

本书所指的烟台是隶属于福山县的一个渔村,春秋称"转附",秦时谓"之罘",明代演变为"芝罘",因芝罘岛而得名。早在春秋战国时期这里就已经有了航海活动,秦始皇五次巡行天下,其中就有三次抵临芝罘(秦始皇登临芝罘及其主要活动见表2-1)。据《资治通鉴·汉记》记载,汉武帝刘彻曾七次巡海,其中数次东巡,在太始三年(公元前94年),登芝罘,浮大海。秦皇汉武频繁登临芝罘,反映了芝罘湾在当时就已经具备了较好的港航基础。整体而言,转附在春秋战国时期的发展,以及沿海航线的发展,都为芝罘的发展奠定了良好的基础。

表2-1　　　　　　　　　　秦始皇三临芝罘及主要活动

次序	年代	《史记》记载的主要活动	东巡的基本方向
第一次	始皇帝二十八年(公元前219年)	"并勃海以东,过黄、腄,穷成山,登之罘,立石颂秦德焉而去。"	自西向东
第二次	始皇帝二十九年(公元前218年)	"登之罘,刻石。"	自西向东
第三次	始皇帝三十七年(公元前210年)	"自琅邪北至荣成山,弗见。至之罘,见巨鱼,射杀一鱼。遂并海西。"	自南向北,再向西,驾崩沙丘

资料来源:根据《史记·秦始皇本纪》整理。

芝罘虽因秦皇汉武的登临而著名,但是一直到宋代,山东航海业的中心都是在莱州、登州(今蓬莱)和密州(今胶州),芝罘仅是一个天然避风港。元末明初,烟台境内地方被称为"之罘海湾",之罘村及附近各村时有渔船停泊,部分之罘村居民开始向之罘海湾南部移居,以捕鱼为生或兼作山丘农耕。此外,还建有数处零落鱼寮、山茅,人数不过数百,大多为季节性流动人口,没有形成正式命名的村屯。其中也有固定渔户,如高、初、夏、于、姚、刁诸姓,除从事渔业外,还占山划地自耕，被称为"占山户"，这些住户应算是早期烟台居民。明初时期，烟台境内及邻近的"石沟屯"、"清泉寨"、"石灰窑"（后改为"上世回尧""南世回尧"）、"之罘屯"（后改为"芝罘屯"）和"大海洋村"等23个村落相继形成（谭鸿鑫，2002）。

自明初起，倭寇对山东沿海屡屡侵犯，民不聊生。为防倭寇侵害之苦，明洪武三十一年（1398年），采用"筑小城建卫所"的军事防范策略，在全国各州、县要害地区设立卫所，位于福山县芝罘湾南岸奇山脚下的"奇山守御千户所"（俗称"所城"）即其中之一。奇山所驻防军，东通宁海卫，西由福山中前所可达登州卫，在明清两代一直是我国北方沿海军事重镇之一。在建置卫所的同时，于边境险要处的北山设置烽烟墩台，当发现敌情时，昼则升烟，夜则举火，以为警报，亦称烽火台、狼烟墩台等，当地人简称"烟台"，北山遂改为"烟台山"，烟台由此得名。

"烟台"之名出现在官方文件里，最初是在清咸丰十一年（1861年）总理衙门大臣奕䜣、桂良等人向清廷所上的《请将山东省沿海各口州县税务责成登莱青道经理并请颁给监督关防以专责守折》中。而当地民众惯称烟台为"海""海上"和"烟台街"。清光绪三十四年（1908年），芝罘岛、商埠区（东至今广东街，西至今海防营，南至所城，北达海岸）改为原福山县所辖的芝罘区、烟台区，这是首次以烟台山命名的行政区。直到1934年春，山东省政府建山东烟台特别行政区，直属山东省政府管辖，"烟台特别行政区"才正式定名。外国的文献沿用了烟台的古称"芝罘"，称烟台为"Chefoo"。当时所建城池，后俗称"所城"，是烟台最早的城址，即今天芝罘区中南部的"所城里"。

所城在奇山之下（今奇山北1900米处），明清两代一直为我国北方沿海军事重镇之一，当时城区面积3平方公里，有大小街路50条。

概而言之，奇山守御千户所的设立是烟台城区建设之始，烟台城市聚落空间选址初步确定。

二、烟台城区聚落核心的形成

随着奇山守御千户所的设立，烟台城市聚落选址基本确定，此后烟台城市聚落核心逐步形成，这一时期从 1398 年奇山守御千户所设立至 1861 年开埠之前。

据民国版的《福山县志稿》记载，奇山所城初设之时，仅有几个居民点零散分布在所城周围，在所城附近每隔五天有一个规模不大的集市，烟台城区整体上比较荒凉落后，当时"其始不过一渔寮耳，渐而帆船有停泊者，其入口不过粮石，出口盐鱼而已，时商号仅三二十家"。

奇山所城占地 9.86 万平方米，城内面积 7.96 万平方米。城设四门，东谓保德门，西谓宣化门，南谓福禄门，北谓朝崇门，城门之上设城楼，专作瞭望指挥之用。城门及城墙底部均用青石砌筑，城墙高 7.33 米，厚 6.67 米，城墙内侧设有环形马道可直通城上应战（谭鸿鑫，2002）。城内设十字大街直通四门，作为军事专用道路，这是老烟台境内最早的街道，也就是现在的芝罘区所城里大街。所城内西北部（今时彦街）设千户所衙及随职官眷住房；城内东北部（原高家胡同、傅家胡同）设练兵场；城内西南部（今仓余街）设兵营伙房及粮草仓库。因此奇山守御千户所是典型的军事防御城市，最初城内守军百余人，其后随着屯戍官兵及家属不断迁入，围绕所城逐渐形成一些居民聚落点，并随人口数量增加向四周不断扩展。至 1550 年前后（明嘉靖年间），居民点遍布东关中街、南大街、西沟街、裕盛胡同、南门外等。外地迁入居民和当地土著除从事渔猎农桑外，开始进行海产品、手工艺品和房地产经营，工商业逐步发展，城区逐渐扩大。

在"奇山守御千户所"建立后的 240 多年间，没有再发生重大的倭寇袭扰事件，基本处于太平时期，于是清顺治十二年（1655 年）将奇山所并入宁海卫，次年裁奇山所。清康熙二年（1663 年）建立奇山社，隶属登州府福山县东北保，官兵解甲，原千户、副千户贬为庶人，军变民地，所城变为居民区，奇山所城被划为 4 个村，居民以曾任千户之职的张、刘两姓后裔居多。所城张、刘两大族的后裔大兴土木，建造民宅，人口逐渐增多，其中张、刘两大姓很快发展到2000多户，民众时有"所城张家"和"所城刘家"之称。城内居民除从事渔业、农业外，手工业、房屋出租业等商业活动也逐渐增多，并设有集市，每逢集期，各种摊点遍布街面，农副产品齐全，一派繁华景象，所城大街及其周围逐渐发展成为商业街，奇山所遂成为烟台的商贸中心，住在城里的人多为有产阶级，周围村庄皆将奇山所视为高出一等的城邑，称之为"所城里"（见图2-1）。

图2-1 奇山守御千户所城复原图

资料来源：谭鸿鑫. 老烟台春秋［M］. 2002.

同时，奇山社的繁荣也吸引外地人口不断进入，奇山所内人口随之向外扩张，最终随着人口的逐渐增多在奇山社及周围形成13个固定村庄，时称"奇山社十三村"，其中所城内4村，所城外9村。它们分别是所城东门、西门、南门、北门4村，以张、佘姓居多；奇山所正南部的上夼村，以迟、李、荆、孔姓居多；奇山所西部的世和村，以张姓居多；奇山所西南部的南关村（曾名西南关、所南关），以张、刘姓居多；奇山所东南部的所东庄，以曲、张、傅姓居多；奇山所西北部的大、中、小海阳村，以张、刘、袁、王、姓居多。各村之间均设有道路相通，清末，奇山 13 村成立了自主联盟组织——13 村自治会，日常事务由各村长聚义决策，会长实行轮职制度，于每年正月初九庙会日进行轮换，称"值年"。奇山社十三村人口来自四面八方，近有芝罘岛大疃村、福山县、牟平县、海阳县、文登县等地，远有齐河县、曹县、聊城、高唐以及河北、河南、湖北、辽宁等地。十三村因人口籍贯复杂，诸如诞生、婚嫁、丧祭、节庆、妆饰习俗与方言各有所异。如今这些村子早已成为现代烟台城市的构成部分，而有些村名则被改为街名得以延续，如仓浦街、西南关街、上奇路、大海阳路等。

奇山社成立后，烟台城市建设逐步完善：一是在所城内每逢农历三、八日开设集市，位于所城外围；二是在奇山社建庙，在这不足半平方公里的弹丸之地上，到清中期共容纳了 9 座小庙和 6 座祠堂，如东门城楼上设"二郎庙"，西门城楼上设"三官庙"，南门城楼上设"财神庙"，西门外设"文财神庙"，北门城楼上设"火神庙"，西门里设"城隍庙"，西门外设"关帝庙"，南门外设"求子庙"，南门里设"唐庙"，北门里设"药王庙"。此外，乾隆七年（1742 年）所城刘姓集资在城东南的祈雨顶上修建了一座魁星楼，除了祭坛和孔庙学宫外，封建朝代一座城市所应具有的各种庙宇机构在所城内外一应俱全。奇山所城的常年庙会、集会使奇山所城成为当时烟台境内各村的政治、经济、文化活动中心。

明末清初，烟台境内又形成了"七夼村"（后分为"前七夼"和"后七夼"）、"远陵夼家"、"解家村"、"曲家庄"、"黄务村"、"秦山屯"、"东夼"（后分为"大东夼"和"小东夼"）、"上曲家"和"下曲家"等 38 个村庄，村庄之间联系更加紧密，人丁日益旺盛，同时"龙王庙""太平庵""天后宫"等庙宇也相继落成。

随着"奇山社十三村"的形成，烟台城市开始进入发展期，在沿海一带开始形成贸易集聚点。奇山所城从建到废仅为"城"而非"市"，烟台开始由"城"而"市"源于港口贸易的推动，而康熙年间海禁的解除成为烟台城市发展的契机。江南的海商到天津、奉天贸易，贩运大豆、粮食等，烟台成为这些商船出入往来的必经之地，随着"造舟之方，操舟之法，器用之备，山礁沙水，趋避顺逆之技，莫不渐推渐准，愈熟愈精"，所以"数十年前江浙海船赴奉天之贸易，岁止两次"，到嘉靖年间则"一年行运四回"（葛晓茜，2008），烟台停泊贸易的帆船逐渐增加。

但烟台城市的真正发展是以清朝道光初年恢复海上漕粮运输为标志。道光年间随着大运河运输功能的减退，自 1826 年开始，朝廷开始利用南方沙船北上运输部分漕粮，并规定海运漕船只可以"八成以装米，二成以搭货，免其纳税以恤商人"。这些从南方来的漕船，"每因北洋风浪劲大，沙洲湾区，有搁浅触礁之患，非熟谙北路海线之舵手不敢轻进，往往驶之烟台收口，另雇熟悉北洋小船，将货装搭载，运至天津"（葛晓茜，2008）。因此，漕船所带货物只好在烟台出售，从而促进了烟台地区贸易的兴起。除漕船停泊外，渐渐有些经航烟台的商船停靠，烟台逐渐成为辐辏之地。

奇山所设立后，村民为了向驻军卖鱼以换取生活费用，之罘村及附近部分村民和渔民开始在境内港湾捕捞，西南河下河口入海处的大片浅滩自然成为商船和渔船停泊的港口。而随着烟台地区贸易的兴起，港口活动中心从芝罘湾移向南部的西南河口一带，最终芝罘海湾周围成为渔商贸易聚集之地。雍正年间，当地人集资在西南河口东侧把最初供奉妈祖的 3 间草房建为初具规模的"天后宫"，嘉庆十五年（1810年）由当地商家、船帮、渔民集资重修扩建为天后宫，当地人俗称"大庙"，占地 3200 亩，建房 64 间，这标志着西南河口成为新的港口活动中心。庙前大街成为商贸活动场所，并逐渐围绕天后宫两侧形成东西约 0.5 公里的商业街市，时称"大街"，是烟台最早的商业街，是北大街的原始基型。

清道光年间，随着贸易船舶大量增加，围绕海上贸易活动，逐渐兴起了商业和加工业，形成了以大庙为中心的粮、鱼、盐等贸易集市。商贾为方便经营，开始从摊商过渡到坐商，店铺房舍大幅增建，正规的大店铺已屡见不鲜。良好的港口条件和扩大的贸易吸引了大量往来的商人在烟台设立行栈，拓展生意，甚至有的还居住下来。在海港至所城的范围内，形成鱼市、面市、草市、菜市、鸡鸭市、地瓜市、西瓜市、老果木市、杆子市、饭店市等 10 余条街道，组成街巷网络，形成烟台城市雏形，其职能也由军事防御性的居民点向城镇贸易发展。

至清道光三十年（1850年），约20世纪60年代烟台对外开埠以前，市区又形成了以北大街"天后宫"（大庙）为中心的商业区，聚集商号千余家，是南北海运的重要港口，也成为贸易繁茂的市镇。因烟台当时属福山管辖，没有正式命名，但"烟台街"已经成为民众公认的称呼，周边各村称为"海上"。烟台街是以天后宫为中心，指的是当时的"北大街"及其周边的集市街巷，不再指"烽烟台"的"烟台"和"烟台山"所含的区域范围，而是代称当时烟台整个境域。烟台街的具体范围，东至东南河（今解放路），西至火神庙（今海防营的海港路），南至奇山所（今所城东、西、南门外），北至瀛洲街（今北马路以南），人口2万余人（谭鸿鑫，2002）。

此外，天后宫建成后，烟台的各项文化活动都在此举行，如每逢除夕、元宵节、端午节、中元节、妈祖诞辰与逝世等纪念日都有丰富多彩的文艺活动和庙会。

烟台城市的发展是"因港兴商，因商兴市"，因此才使烟台走上了开埠之路。

第二节　烟台开埠的优势条件

开埠前夕，烟台已由一个名不见经传的小渔村发展为一个繁荣的良港，在地理区位、经济发展等方面具备了优势的开埠条件，最终在1861年成为山东最早开埠的一个城市。

一、天然良港优势

烟台成为山东首个开埠城市的重要优势条件之一，就是凭借良好的港湾条件。烟台地处山东半岛中部，北临渤海，东北和南部临黄海，与辽东半岛隔海相望，属黄海海域，烟台港是我国北方优良的天然港湾之一。烟台港的水域面积为66.86平方公里，整个港湾呈U形向东和东北方向敞开，崆峒群岛在东北部兀峙海面，形成两个宽阔的海口。中国最大的陆连岛芝罘岛（也叫"芝罘山"）犹如巨大的灵芝横卧北部海面，形成了芝罘湾的天然屏障。芝罘湾在水深、避风、沿岸地势等港湾条件方面与当时的航海水平相适应，芝罘湾地处山东沿海北部，是南、北洋海上运输线的必经之地，崆峒群岛、芝罘岛则是天然的导航标志，容易被航海者利用和识别，具备深厚的港湾基础，且芝罘湾海面在冬季一般没有冰冻现象，这些都使其成为古代南北海上运输的天然良港。

芝罘湾作为天然良港的优势体现在两个方面。第一，适于船舶停靠。当时船只吨位不大，一般不超过五六十吨，对港口的要求不高。芝罘湾水深不等，且沿岸多为沙滩，极有利于潜船停泊，故船舶停靠点较多。第二，天然的避风港。往来船舶须视风向来选择停泊点，漕船进入芝罘湾后一般有五个停泊点，而现在的芝罘湾就有婆婆口、崆峒岛、夹岛三个停泊点，这三处均为浅水区，是躲避北风、偏北风的良好场所。正是鉴于上述优势，到元代时，芝罘湾已经发展成为具有一定容纳能力的良港（见表2－2），当时来自南方沿海的运粮船只，或出于淮上或出于江南，莫不取道于芝罘成山之下，这是促使烟台开埠的直接条件。

表2－2　　　　　　　　　　　元代芝罘湾容纳漕运能力

港内停泊点	船舶数量	遮蔽风向
婆婆口	百余只	东北、西北风
崆峒岛前	二三十只	东北、西北风
夹岛	六七十只	北风

资料来源：根据《烟台港史（古、近代部分）》（人民交通出版社1988年版）的资料整理。

1861年，清政府派人督办开辟"登州"等通商口岸事宜，英方勘察代表马礼逊经过沿途考察，认为登州"滩薄水浅"，意思是说登州港口水浅（指当时的登州水城），且没有船舶避风场所，登州府作为一个港口是不利的，不适宜开放通商口岸，而烟台山周边海湾水深，海面开阔，适于船舶停靠，且能避风，有发展远景，遂看中烟台芝罘湾这一天然良港，清政府便下令设烟台为通商口岸。

二、烟台港的地理区位优势

芝罘湾地处要津，是扼守京津地区的重要门户，且与朝鲜、日本隔海相望，可"外控诸邦，内卫中夏"，因此芝罘湾自古以来常被用作海上征战的集结地和出海口，在明代更是成为山东北部沿海的军事要塞，具有天然的地理位置优势。对西方入侵者而言，地理区位优势体现在以下两个方面。

（一）利用烟台港将外商走私贸易从南向北拓展

鸦片战争后，虽然广州、厦门、上海、宁波、福州开辟通商口岸，但西方殖民者的势力主要集中在南方沿海，内地及北方地区对他们具有很大的诱惑力，于是开始利用走私贸易向北方渗透。而早在鸦片战争之前，烟台港优越的地理位置和自然条件已经引起了西方侵略者的注意，成为外国商船进行走私贸易的重要港口。以烟台港为点，走私贸易开始从中国南方向北方渗透。清道光二十六年（1846 年），英国商人勾结中国商人乘两只洋船登录烟台贩卖鸦片，烟台人自此深受鸦片之苦。在烟台，外国商船不仅停泊贸易，而且勾结华商买地造屋，当时的福山县知县余栀不顾清廷的禁令，擅自将烟台山以西的数段海岸非法卖于外商，索得重价，银两不知确数，尽饱私囊。他们倚仗英法联军的军事淫威，走私活动日益猖獗。到咸丰九年（1859 年）夏，先是 12 只外国商船"在烟台海口停泊"，而十月份竟"愈聚愈多，颇有不允通商不肯遽去之意"①。而清廷对外商在北方沿海地区的走私活动是禁而不止，外国入侵势力和走私贸易迅速在北方沿海蔓延，获得了巨额利润。加之"是时轮船之所至，山东一省惟烟台，而迄西二千馀里无闻焉；奉天一省惟牛庄，而迄东千馀里无闻焉"（王陵基，1931），这些也成为英国人选中烟台开埠的一个重要原因。

---

① 烟台港史（古、近代部分）［M］. 北京：人民交通出版社，1988：27－28.

（二）利用烟台港作为侵略者的军事基地

咸丰九年（1859 年），英、法、美三国军舰悍然对天津大沽口发动进攻，被驻防大沽口的中国军队击败。大沽口战败后，侵略者认为远隔重洋，劳师远袭不能取胜，必须在华北沿海建立军事基地，而后再伺机进犯北京。而烟台港本就是扼守京津地区的门户，法国侵略者对此早已进行了大量的侦查活动，最终认为在山东北部沿海，无论是地理位置、自然条件、港口贸易，还是物产资源，烟台港在当时都首屈一指。法国侵略者认为福山县既是一个比较富足的城市，也有一个适宜欧洲船只经过的良好港口，占领烟台港也就占有了当地的资源，烟台又是一个很好的军事基地，于是烟台港成为法国侵略军进犯天津、北京的军事基地。法军对烟台港的控制和一系列活动都对马礼逊最后选择烟台为开埠城市产生了重要影响。

三、繁荣的商贸优势

随着明代海禁的实行，芝罘海湾停泊点逐渐从芝罘湾北部向南部的西南河口一带迁移，西南河位于奇山所城西部，入海口处在明代尚有大片浅滩，可以供各种船只涨潮靠岸、退潮卸货，被称为"奇山湾"。正是由于芝罘湾、奇山湾船只停泊量大，为了适应航海的要求、保佑出海平安，人们在西南河口东侧修建了天后宫（俗称大庙），航海者聚集此处烧香磕头，祈求海神保佑。这也使得西南河口成为港口活动的中心场所，当地居民与过往船只常有些贸易活动，后逐渐围绕天后宫两侧形成了东西长约 0.5 公里的商业街，即今北大街。

至开埠前夕，烟台港已经成为南北海漕运输线上的一个重要中转港，在北方海上运输中发挥了重要作用，港口贸易也随之兴起。就商业贸易而言，烟台港远远超过了登州港。港口贸易的兴起又扩大了烟台港的影响，吸引更多的船舶停靠，而这对外商贸易至关重要。

此外，当时的烟台已经发展成为一个比较富足的"大城市"。据民国版《福山县志稿·烟台商埠篇》记载，清道光三十年（1850 年）前后，烟台已有商户千余家，并有广东帮、潮州帮、福建帮、宁波帮、关里帮、沪帮、锦州帮等船帮常年进出，商家往来贸易频繁。烟台已成为粮、鱼、盐、酒、茶、煤、木材等土特产品集散的商业城镇，商贸范围已经扩展到胶东各县乡，形成了南北物产的供销网络。总体而言，"故烟台商务，西可由陆以达济南之西，北可由帆船而达于金复安东诸处，号称极盛"。烟台的港口贸易和地方商业是当时山东沿海五府十六州县①中最发达的，而烟台经济的繁荣为近代资本主义工商业的发展奠定了基础，使他们有充裕的资金可以发展近代工商业，外商可以在烟台设立各种洋行，而这都有利于西方入侵者对中国的经济掠夺与剥削。

实际上，英国人为了控制山东沿海的商业贸易，曾先后考察了烟台口岸及其附近海口，考察结果是烟台具有巨大的发展潜力。英国驻烟台领事馆在《1865年烟台贸易报告》中指出："将近三十年来，它和渤海湾的其他几个港口一起，成为欧洲与中国商品的巨大贸易中心"，并且认为，"从商业角度看，烟台占有了优越的地位"，这里将是"整个中国北方货物的集散地"。因此，外商为了在中国实现最大的经济掠夺、获取最大的经济利润，繁荣的商贸优势无疑成为他们选择烟台为开埠城市的必要条件之一。

第三节　烟台开埠的历史背景

基于烟台港口的优势、烟台商业贸易的优势和烟台地理区位的优势，开埠前夕，烟台港已基本具备了商业港口的雏形，最终在1861年被迫开放，成为烟台历史上继设立"奇山守御千户所"后，对烟台而言影响最深远的事件，开埠后商埠的发展成为烟台城市民俗变迁的实

---

① 五府十六州县包括登州府（福山县、蓬莱县、黄县、宁海州、海阳县、文登县、荣成县）、莱州府（掖县、昌邑县、即墨县、胶州）、青州府（诸城县）、武定府（利津县、海丰县、沾化县）、沂州府（日照县）。

践语境。

基于当时的国内与国际背景，在两股外力的强大作用下，烟台最终被迫开埠。

一、国际背景：19世纪中后期西方资本主义世界体系的扩张

烟台开埠与19世纪中晚期的国际背景密切相关，或者说正是由于19世纪中晚期西方资本主义世界体系的殖民扩展，才使烟台这个曾经名不见经传的地方在19世纪中晚期有了"约开商埠"这一殖民遭遇。而西方资本主义世界体系的形成源于工业革命。1765年珍妮纺纱机的出现标志着工业革命在英国乃至世界的爆发，18世纪中叶英国人瓦特改良蒸汽机之后，一系列技术革命引起了从手工劳动向动力机器生产转变的重大飞跃，随后传播到英格兰再到整个欧洲大陆，19世纪传播到北美地区，后来的工业革命将其传播到世界各国。工业革命之后，以英国为首的法、德、美等西方诸国成为世界上最强大的资本主义国家，并逐步建立起资本主义世界体系，西方先进、东方落后的世界格局初步形成。

另外，工业革命导致了社会生产力的提高，促使资本主义工业国到世界各地抢占商品市场和原料产地，把许多殖民地国家和半殖民地国家和地区卷入资本主义世界体系，使之成为西方世界的经济附庸，世界市场体系初步形成。西方资本主义国家成为世界市场体系的核心，而处于世界市场体系边缘的国家则成为西方资本主义国家进行殖民扩展的对象，中国就是其中之一。以英国为首的西方资本主义国家为了扩张自己的势力，急于打开中国市场，于是烟台这个曾经默默无闻的地方在山东最早遭遇了殖民主义，成为西方资本主义世界体系扩张的对象，成为西方诸国掠夺资源和倾销产品的理想场所。

二、国内背景：鸦片战争及烟台商贸的发展

烟台开埠的国内背景首先是鸦片战争。19世纪中晚期，虽然以英国为首的西方诸国急于打开中国市场，但当时中国自给自足的封建经

济对西方资本主义的入侵进行了顽强的抵抗，英国的工业品最初在中国很难获得销路。为了倾销产品，英国在1840年和1856年分别发动了两次鸦片战争。西方侵略者为了实现从中国南部沿海向中国北部扩展的野心，1856年第二次鸦片战争后，在清王朝被迫与英法等国签订的《天津条约》中，规定增开山东登州在内的十个沿海沿江城市为通商口岸。但开埠前夕，英国强烈要求由烟台替代登州开埠，这显然违背了《天津条约》，但1861年清廷同意将通商口岸由登州改为烟台。

此外，鸦片战争后烟台港及其商贸的迅速发展也是烟台开埠的重要因素。第一次鸦片战争战后，外国侵略者强迫清政府签订了中国近代史上第一个不平等条约《南京条约》，约开上海、广州、厦门、宁波、福州五地为通商口岸，外国资本主义开始向中国进行大量商品输出，各种外国商品源源地不断涌入南方沿海五个城市。正是由于鸦片战争才促进了烟台港的迅速发展，且烟台地处南北海上交通要道，这就为从事海漕运输的商船携带洋货贩运提供了条件。这一时期抵达烟台的商船数逐年增加，出现了大量的船帮，有广东帮、福建帮、潮州帮、宁波帮、关里帮、锦州帮等。鸦片战争前，烟台商号仅有二十几家，道光末年已达百余家，而到咸丰后期，商号数量又成倍增加，烟台在开埠前已基本具备了商业港口的雏形，烟台港一跃超过了黄县、胶州、莱阳等其他港口，成为山东沿海重要的港口城镇。英国人后来用烟台取代登州作为通商口岸，正是认识到了其贸易地位的重要性。

在国际与国内各种力量的强制作用下，烟台开埠已经成为必然。

第四节　烟台开埠与商埠概况

一、烟台开埠

第二次战争结束之后，清政府被迫开放山东的登州港作为通商口岸，清政府任命侍郎候补京堂崇厚担任北方三口通商大臣，督办牛庄、天津、登州的通商事务。与此同时，英国驻华公使普鲁斯派遣登州领事马礼逊勘查开埠和筹办领事馆有关事宜。他们从天津出发，第一站先到德州，之后又沿运河南下，途经临清、东昌、济宁、曲阜一带深入内地，于当年 3 月 5 日抵达济南。在济南，马礼逊告诉山东巡抚文煜，在考察完所有内河各个码头后发现内地河流"地隘水浅，大船未能前进，仍就登州沿海择定地方"①。文煜立即派遣青州候补知府董步云陪同马礼逊去登州考察，考察结果是马礼逊认为"登州府作为一个港口是不利的""它的港口浅，并且非常无遮蔽"②。马礼逊根据前期传教士取得的情报和法军侵京前在烟台集结兵力的信息到烟台再行考察，却意外发现烟台港已经是商船贸易活动的重要港口，且有兵舰、洋船到烟台港活动的记载，加之烟台山周围海湾水深、海面宽阔，无论是地理位置、自然条件，还是当时的贸易活动，烟台港都远远超过了登州港，所以当即提出将通商口岸由登州改为烟台。

英国虽然选中了烟台，但烟台并不在开放之列。对此英国侵略者非常清楚，他们在英国驻烟领事馆的《1865 烟台贸易报告》中曾这样写，"在天津条约签订之前，烟台的贸易已表明它是一个重要之地，人们已经充分地知晓这一点，奇怪的是没有一个英国商人特别提出在条约里规定开放烟台的要求"，这足以说明英国人自己也承认要求开放烟台为通商口岸明显违反了《中英天津条约》。然而清政府对此熟视无睹，甚至认为英国人"言貌亦均恭顺""似无可乘涎之意"，并同意了英国的要求。

1861 年 5 月，清政府下旨改定烟台为通商口岸，清政府衙门领班大臣恭亲王奕诉认为，"登州向系私设口岸，隐匿多年，现既新立口岸（即烟台港），自应派员专理"③。马礼逊在选定了烟台港之后，便催促董步云等地方官加紧筹办烟台开埠事宜，董步云与登莱青道和登州府协商后，草拟了一份通商章程报给三口通商大臣崇厚。崇厚阅后认为，

---

① 文煜"夷酋行抵省垣前来臣谒见情形"折，咸丰十年十二月二十八日，藏一档馆，帝国主义侵略类、第二次鸦片战争项，第 468 号卷。

②③ 烟台港史（古、近代部分）[M]. 北京：人民交通出版社，1988：35.

"所议章程，虽系因地制宜，惟与条约新章多有不符之处"①，决定委派王启曾等人直接到烟台商办此事。崇厚唯恐地方官不能配合王启曾，便请旨派登莱青道台崇芳及董步云、登州知府戴肇辰协办。但是此后不久捻军进入山东，商贾戒严，外国商船也闻风而裹足，一切通商章程碍难筹办，通商之事便被搁置起来。后来王启曾于 1861 年 7 月 8 日到 8 月 5 日期间，偕同直隶候补知府袁文陛、河工候补县丞曲纪官行抵烟台，对烟台港东西沿岸进行调查。此时，董步云已将烟台厘局重新开办，但由于与另一厘局官员玉廉的权力之争，使港口秩序和税务管理陷入一片混乱。在此状态下，经过简短筹备，王启曾于 1861 年 8 月 22 日主持烟台开埠仪式，宣布烟台正式开关征税。于是，烟台港最终替代了"登州府城"而成为山东近代第一个通商口岸，自此以"烟台"取代原来的"奇山所"正式命名，当时想把芝罘连在一起开发，所以这一商埠便被称为"芝罘"，后被称为"烟台商埠"，简称"烟商"。

二、东海关的设立

烟台港设立海关以后，尽管弊端诸多，但很快得到了清政府的承认。海关开办之初的管辖范围仅限于烟台港区，管理活动也只是港口税收。因为烟台港的开放比较仓促，准备不足，海关在较长的一段时间内无法走上正轨，税收方面存在的问题尤为突出，南来北往的中外商船，或沿途私卸，或偷漏绕越，诸多弊端较天津牛庄两口尤甚。此外，烟台当时不是地方官府住地，也无法应酬日益繁忙的外交事务。于是在烟台港开放 4 个月后，奕䜣奏请将登莱青道移驻烟台，专司中外税务，同时筹建东海关。奏请获准后，同治元年（1862 年）登莱青道由莱州迁到烟台，登莱青道道台崇芳兼任第一任东海关监督②，至此东海关正式成立并对外行使权力，设东海关监督衙门（1912 年改为东

---

① 烟台港史（古、近代部分）[M]. 北京：人民交通出版社，1988：35.

② 海关监督是旧中国管理各海关的官职。

海关监督公署①）于道恕街。崇芳接办东海关的首要事务是开办户关，专司原属厘局②征收的山东沿海的税金和厘金事务，归道署辖治。1862年7月14日户关开始征收常税。

户关的管辖范围大于海关，基本涉及山东沿海的五府十六州县，共管理大小24个港口。为了以示区别，后用"东海关"专指海关（即东海关税务司署，俗称"洋关""新关"），"烟台常关"或"烟台大关"专指户关③。东海关是根据不平等条约设立的，下设分关二、分卡十四，全面控制起东至石岛、西至无棣捏子口千里海疆的进出口，权力颇大，操纵着港口的管理大权，进口报关，出口结关，所有进口轮船必须先在港外停船抛锚请示验关，私自进港者均以没收论处，并征收国际和国内条约开放口岸进出口货物关税和船钞（船舶吨税）。东海关代表国家行使主权，因此决定着烟台港的发展，但1863年3月英国人汉南首任东海关税务司，另设新司，外国人总揽了东海关大权，此后东海关税务司一职都是由外国人把持，自此达80年之久。光绪二十七年（1901年）后，常关管理的民船业务也由东海关税务司掌管，这也意味着烟台港全部港口权力都归东海关。

东海关作为烟台港第一个带有行政管理性质的机构，对烟台港的影响颇大。一是建立规章制度，规范管理。1863年3月17日东海关公布了《烟台东海关章程》和《船只进口章程》，使港区活动由散漫的无政府状态开始走向正规管理，并且确定了港界，港区活动的范围被初步规定在烟台山西侧海面和沿岸。二是管理外国船只的进出，令其按章纳税。东海关在一定程度上限制了外商的走私，并增加了清政府

---

① 1931年常关被撤销，东海关监督公署不再经营海关的具体业务，只负责转达财政部指示，命令并协同地方政府处理有关案件等事项；1937年监督公署被撤销，直至日军占领烟台后方被恢复。

② 咸丰九年十月十五日（1859年11月9日）清政府在烟台设立"烟台厘局"，这是烟台港首次设立的正式税务机构。1861年烟台开埠后，在海关设立前，烟台厘局暂时代办关税征收业务。

③ 烟台常关是清政府于烟台港开放后设置的，由登莱青道兼管，只负责民船税收，所收的税被称为"常税"。1931年常关被撤销，东海关税务司署完全接管了其业务，将原常关都改为洋关分卡。

的财政收入。三是它加快了烟台港由天然港湾向人工港口的过渡，开始逐步进行港口的基本设施建设。但必须注意的是，洋员税务司港务管理活动的目的是适应西方资本主义势力经济侵略的需要，西方诸国是烟台港贸易活动的最大获益者，贸易额的增长为洋人带来了巨额利润。在东海关发展的 83 年中，西方诸国利用其特权加剧了对烟台乃至中国的经济掠夺。

综合来看，烟台开埠是烟台城市发展的起点和转折点，从此烟台开始向近现代化的道路发展。

三、西方诸国在烟台设立领事馆

烟台开埠后西方列强乘虚而入，纷纷在烟台设立领事馆。1861 年英国凭借在烟台开埠中的特殊作用和最先来到烟台的优势，首先在烟台山上设立领事馆，此后法国、美国、挪威、瑞典、德国、日本等国先后在烟台山及其周边设立领事馆，截至 1932 年，共有 16 个国家在烟台设立了 17 个领事馆（见表 2 - 3），烟台山也曾因此被称为“领事山”。其中，英国领事馆是占地面积最大、势力最强的领事馆，其领事管辖权遍及整个胶东地区，也把持着东海关税务司，掌控着烟台的经济命脉①。

表 2 - 3　　　1861 ~ 1945 年外国驻烟台领事馆或代理领事馆一览

国别	设馆时间（年）	地址	级别	闭馆时间	备注
英国	1861	烟台山	领事馆	1941 年被日军查封	业务由中立国瑞典代理至 1945 年
法国	1861	烟台山	领事馆	1941 年被日军查封	初为代理领事馆，1901 年改为领事馆

---

① 现在，英国、丹麦、美国、日本、意大利、挪威、瑞典、德国、俄国（苏联）9 国的 10 个领事馆旧址仍然可寻，其中一部分领事馆/代理领事馆的建筑还保存完好。

国别	设馆时间（年）	地址	级别	闭馆时间	备注
美国	1863	烟台山	领事馆	1941 年被日军查封	—
挪威	1864	海岸街	领事馆	1941 年被日军查封	开始两国合设馆，1906 年分设馆
瑞典	1864	海岸街	领事馆	—	
德国	1867	烟台山	领事馆	1945 年	1918 年闭馆，1943 年复馆，设在盎斯洋行内
荷兰	1867	—	代理领事馆	1919 年	1933 年由德商布斯兼任荷兰领事，直至 1945 年 8 月
丹麦	1867	烟台山	领事馆	1919 年	—
意大利	1871	东太平街北端	领事馆	1945 年	先为代理领事馆，1938 年改为领事馆
奥地利	1873	张裕公司	领事馆	1919 年	初为代理领事馆，1902 年改为领事馆
比利时	1874	海岸街	代理领事馆	1945 年	—
日本	1875	烟台山	领事馆	1945 年	1937 年 8 月 20 日闭馆，1938 年 2 月复馆
俄国	1881	大马路东端	领事馆	1919 年	—
西班牙	1885	烟台山	代理领事馆	1945 年	—
朝鲜	1901	海岸街	代理领事馆	1945 年	—
苏联	1923	大马路东端	领事馆	1925 年	—
芬兰	1932	海岸街	代理领事馆	1945 年	1904 年设立代理领事馆，由挪威领事代理；1923 年设领事馆

资料来源：李晓飞. 烟台开埠记忆 [M]. 烟台：黄海数字出版社，2009：11.

四、商埠概况

开埠后，烟台作为当时北方三座开放商埠之一和山东唯一的对外贸易口岸，英国等殖民者经过比较认为，从商业角度看，烟台占有优越地理位置，是整个中国北方货物的集散地。在渤海湾的三个通商口岸中，最适合与英国进行直接贸易的就是烟台。实际上，烟台港正是凭借优越的地理条件，使得经济迅速发展，尤其是对外贸易和交通运输业发展最快，才取代登州成为开埠口岸。烟台港在开放后的最初十年，外国航运势力急剧扩大（见表2-4），进出口贸易迅速发展（见表2-5），1864年洋货进口总额占总进出口总额的27%，1867年洋货进口总额已上升到51%；同时，烟台的土货出口直线下降，1864年还占进出口总额的47%，1867年已下降到25%。贸易的发展为洋人控制下的东海关带来了巨额利润，1863~1868年，东海关税收白银达119万余两[1]。整体而言，在1864~1894年的30年间，进出口贸易额、吞吐量（见表2-6）和进出口船舶数呈现大幅增长的态势。

表2-4　烟台港开放初期进出口船舶与吨位统计（1863~1870年）

年份	进口		出口		合计	
	艘次	吨位	艘次	吨位	艘次	吨位
1863	348	102455	326	101139	674	203594
1864	448	138884	452	140565	900	279449
1865	464	150401	444	143571	908	293978
1866	493	173830	501	173952	994	347782
1867	447	160620	457	164317	904	324937
1868	548	210572	543	209988	1091	420560

---

① 烟台港史（古、近代部分）[M]. 北京：人民交通出版社，1988：51.

年份	进口		出口		合计	
	艘次	吨位	艘次	吨位	艘次	吨位
1869	598	233079	605	233458	1203	466537
1870	602	238516	584	233657	1186	472173

注：此表的船只数与吨位是轮帆船之和。

资料来源：交通部烟台港务管理局 . 近代山东沿海通商口岸贸易统计资料［M］. 北京：对外贸易教育出版社，1986：66.

表 2 – 5 　　　　　　　　　1863～1868 年烟台港贸易额统计

年份	贸易额（芝罘两）	较上年增长（%）	较 1864 年增长（%）
1863	3823085	100. 0	—
1864	5804142	51. 8	100. 0
1865	7050396	21. 5	21. 5
1866	8618218	22. 2	48. 5
1867	6265026	− 27. 3	7. 9
1868	8540912	36. 3	47. 2

注：表中数额为原始统计中的净数，1963 年的统计数据只有 9 个月的统计；芝罘两为 1874 年前，烟台当地通行的银两单位。

资料来源：《烟台港史》（古、近代部分）［M］. 北京：人民交通出版社，1988：51.

表 2 – 6 　　　　　　　　　1865～1940 年烟台港吞吐量统计

年份	货物（万吨）
1865	13. 6
1870	13. 9
1875	14. 8
1880	14. 1
1885	19. 3
1890	22. 9
1895	19. 1

年份	货物（万吨）
1900	26.6
1905	31.1
1910	42.5
1915	30.8
1920	31.3
1925	38.7
1930	42.4
1935	45.9
1940	54.7

资料来源：烟台市交通局史志办公室. 烟台市交通志（1840 - 1985）［M］. 北京：科学普及出版社，1993：181.

表2 - 4 ~ 表2 - 6 一方面反映了开埠后烟台港进出口贸易的快速发展，另一方面使人们认识到，这种快速发展实质上是西方列强利用港口对进行中国经济侵略，因此是一种"畸形"发展。表2 - 5 中的贸易总额包括洋货进口净数①、土货进口净数和土货出口总数三部分，而这三个部分在贸易总额逐年快速增长中的比重则发生了显著变化（见表2 - 7）。表2 - 7 清楚地显示了三部分贸易额比重变化的趋势，其中洋货进口的比重逐年增加，而土货出口比重则逐年下降，土货进口比重基本稳定在20%，这一变化趋势清晰地反映了洋货进口所占的绝对优势。1864 ~ 1867 年的洋货进口净数持续上涨，必然引起烟台港口贸易的不均衡发展，而洋货大量倾销到中国北方市场，则加剧了中国自给自足的自然经济的瓦解。

---

① 洋货进口净数是"总计"数与"复出口"（货物经水运进口后，又经水运出口之数）数之差，是洋货在一个港口当地倾销，并经陆地或水路向内地流动的实际数。

表 2－7　　　　　　　各项贸易在贸易总额中的比重　　　　单位：%

年份	洋货进口净数	土货进口净数	土货出口总数	贸易净额
1864	27.2	25.3	47.5	100
1865	47.4	16.7	35.9	100
1866	48.5	20.8	30.7	100
1867	51.1	23.9	25.0	100

资料来源：烟台港史（古、近代部分）［M］．北京：人民交通出版社，1988：52．

　　繁荣的进出口贸易吸引着大批中外商人和商业资本来到烟台，一时间，烟台"各路巨商云集，顿添行铺数百家"，经营航运贸易、各类商品的批发零售的行栈和洋行等商号鳞次栉比，金融保险业、邮政通信业、报关经纪业、客栈业等也随之发展。到清末时，先后有 30 余家中外金融机构立足烟台，其中包括 7 家外国银行，烟台的邮政业、电报事业一直处于较高水平，还有法、德、俄、日、英等外国商埠邮局涉足电报、电话等邮政通信业。

　　商业资本的增长使各类新兴工业逐步发展起来。但随着 1898 年青岛、1899 年大连开埠，烟台作为山东唯一通商口岸的优势迅速衰减，加之陆上交通的瓶颈制约，1904 年胶济铁路通车后，烟台的贸易地位也大幅缩减仅至胶东半岛一地，港口仍然处于人力装卸的初始阶段，在青岛和大连的现代化港口面前不再具备竞争力。虽然烟台的贸易水平特别是对外贸易在整个民国期间呈不断下降趋势，但由于新兴民族工商业的崛起，如张裕之洋酒、昌兴之洋火、醴泉之啤酒、瑞丰之面粉、船行若政记公司等，弥补了对外贸易下降的不足，使烟台整体的国民经济仍呈增长态势。胶济铁路未通车之前，烟台以其率先开发的港口优势，已发展成山东沿海最大的海滨城市和贸易港口，并将这种优势保持了 40 年。而后胶济铁路通车，青岛日盛，烟台日衰，整个城市的经济虽已不能与青岛、大连、天津等城市相比，但也维持了较快的增长速度，与此相适应，文化教育、娱乐消费、卫生福利、市政建设也渐趋完备，休闲度假、客运交通、娱乐饮食业进一步发展起来。

　　另外，烟台是由港口带动商业，由商业带动城市建设，烟台开埠之后，市区逐年扩大。开埠之前，烟台城市的发展多在天后宫左右，东至东南河（今解放路），西至火神庙（今海防营的海港路），南至奇山所（今所城东、西、南门外）、北至瀛洲街（今北马路以南）。烟台开埠之后，英国在 1863 年最先控制烟台，并在烟台山及以东之海滨建领事馆，之后日、德、法、俄、意等 16 个国家纷纷在此建馆、银行、学校、医院、邮电等，整个烟台山及其周围直至东海岸一带，形成了以朝阳街为中心的商埠区和洋人居住区。而至清光绪二十年（1894年），城区形成以北大街天后宫为商业兴旺中心的港埠巨镇，并逐次向外扩展，西与通伸海洋相连，不出圩子门，东至广东街，南到奇山所城，北至海滨。范围"直抵东山，西则沙旺"，太平湾逐渐被填，烟台成为东西狭长的带状城市，东西长 16 里，南北宽 8 里。民国年间，乡间不靖，富绅来烟避难者不绝，于是东马路之房鳞次栉比，颇有大都会之貌。民国十九年（1930 年）后，烟台基本形成了西到西炮台，东到长子口，北至海岸，南到奇山所城的带状城区，面积为 5.37 平方公里，有 13 条主要街道。烟台的城市空间分布，从北到南分布着烟台山、朝阳街区、道署街区、奇山所城、南关体育场、上夼村、山林区等；在东西轴线上，所城以东到葡萄山之间建起了大片的东关居住区，并越过葡萄山，形成了新居住区，所城以西到毓璜顶之间形成了西关居住区，毓璜顶以西是由三个村落组成的村落居住区。此外，以道署—天后宫行政商业街区为中心，在东西轴线上向东分别是大马路商业居住街区、东山别墅区，东头为东炮台，向西是海防营工业居住街区、通伸村落居住区，尽头为西炮台。

开埠后随着烟台商埠的发展，烟台的城市民俗也悄然发生着变化，最终实现了烟台城市民俗的质变。

第三章 近现代烟台城市民俗变迁的语境

传承作为文化的本质属性之一，是一个永不停止的发展变化与再创造的过程，民俗作为社会生活的传承文化，始终处在变迁之中，随着社会的发展和生活的更新而不断地消长演进。民俗变迁作为民俗功能演进的外化现象，既有具象外显的形态变化，又有抽象潜在的结构调整，是一个与时俱进的复杂的文化过程，适应并引导着人们的生活需要。随着烟台开埠和烟台商埠的发展，民众的生活需求和状态也随之发展，迎来了一场前所未有的"生活革命"，民俗功能相应变化，近现代烟台城市民俗的变迁就成为其显性体现。

徐赣丽（2015）认为，传承变迁包括传承语境的变迁、传承母体的变迁、传承途径的变迁和传承手段的变迁。而烟台开埠及其带来的经济、文化和社会变化就是传承语境的变迁，这是引起烟台城市民俗变迁的先决条件，对烟台这座在山东最早开埠的城市而言，其城市民俗的发展演进是植根于烟台商埠这一情境。开埠之后，烟台商埠的发展一日千里，在经济、文化、城市建设等各方面都获得了长足发展，成为近现代烟台城市民俗变迁的实践语境。在这一特定的语境内，在人们的日常生活中，民众在商埠这一社会舞台和情境中自我表演，近现代城市民俗的变迁是民众在这一情境中自我日常生活表演的一种变化。在这种表演和自我呈现的变化中，洋人、洋文化和烟台土著、本地传统文化等充当了不同角色，最终形成了近现代的烟台城市民俗。因此，本章主要从社会、经济和文化等角度来考察烟台城市民俗变迁的语境。

第一节　近现代化语境下烟台经济的发展

齐鲁大地，"崇工重商"自古成风。开埠后，烟台的商业贸易、近代工业、手工业等都获得了长足发展，因而开埠通商后引起的首要变化是烟台经济的繁荣与近现代化。这不仅使烟台的商业贸易日益繁荣，而且也促进了烟台近代民族工业和传统手工业的发展，使烟台成为中国近代民族工商业的重要发祥地之一，从而推动了烟台城市的发展，烟台由此踏上了近现代化的征程。

一、商贸的繁盛

烟台开埠不久，西方殖民者就对已经开放的三个港口做了比较分析。从商业角度而言，烟台所处的地理区位四通八达，且占水陆运输要冲之便，与北方诸港相比，春迟、夏凉、秋爽、冬不结冰，故船舶往来四时不绝，货物辐辏，买卖极盛，是当时整个中国北方的货物集散地，于是英国驻烟台领事馆和驻烟英商集团向清廷提出在烟台建立直接贸易。同治六年（1867 年）英国商船"芬塞尔"号满载煤炭，从英国加的夫港试航烟台成功，此后又有 8 艘英国商船先后抵达烟台港，开辟了英—烟直接贸易航线，结束了英—沪—烟的转口贸易，自此烟台港成为直通海外的国际贸易大港，直到 19 世纪下半叶，它一直是山东唯一的对外贸易中心。

由于可以直接同国外进行贸易，烟台与国内外市场的联系更为密切，贸易范围有了质的突破，英、美、法、日等国商人纷纷来烟台建立商行，鸦片、棉布、棉纱、毛织品、金属品、石油及化妆品等"洋货"大量涌进烟台市场，商品进出口权也被外商控制，鼎盛时期在烟台的外国商行达五六十家，市场上日用消费品的 90% 为外国货[1]，对

---

[1]　山东省烟台市商业局史志办公室. 烟台市商业志（1861 – 1985）［M］. 1987：3.

国货造成了严重冲击。与此同时，随着贸易规模的扩大和货物种类的增多，进出口贸易也随之激增。在19世纪后20年中，烟台的贸易总额曾超过当时天津、牛庄两大贸易港口之和的两倍，进出港船只数量和吨位数一直占据领先地位，这也带动了烟台商业机构的变化，使烟台进入了近代商业和传统商业并存的发展时期。

（一）开埠后烟台的本埠商号与外国商行

1. 烟台本埠商业

烟台开埠后，由于海陆通达，沟通中外，激增的进出口贸易为烟台带来了无限商机，吸引了众多中外商人和商业资本转到烟台，各路巨商云集，商号店铺栉次而设。当时烟台商号多集中在"天后宫"左右，西不出西圩子外，东不越广东街，南到奇山所，北至北海岸，面积不足方里。太平湾填平以后，中外商号荟集，于是西接通伸，东则渐扩至四马路，直抵东山。1891年烟台有大小商号共约1700余家[①]，其中除部分外商洋行外，绝大多数是本埠商人经营各业的商号。清光绪年间，烟台商埠出现了财力雄厚的商界"八大家"，即义昌（铁行）、天成栈（代理店）、顺盛（代理店）、双盛泰（绸缎庄）、恒泰（代理店）、洪泰（代理店）、协泰（绸缎庄）、福泰（代理店）。烟台商埠各商号的经营范围包括绸缎布匹、杂货、花生、水果、煤业等，约涉及70余种行业（见表3-1）。此外，当时的金融市场以烟台为中心，也较为发达，在本埠内较大者有五六十家，多是合资代办性质。

表3-1 烟埠各业经营概况 单位：银元

各业名称	家数（家）	资本			年交易总额
		最高	最低	普通	
进口杂货业	20	5000	4000	20000	5940000
绸缎布匹业	41	45000	5000	25000	5250000

---

① 烟台市工商业联合会. 烟台市工商业联合会志 [M]. 北京：中国文史出版社，2012：3.

续表

各业名称	家数（家）	资本			年交易总额
		最高	最低	普通	
杂货业	170	35000	1000	4000	4950000
花生业	25	10000	1000	2000	1200000
水果业	120	5000	500	1000	870000
粉丝业	25	20000	5000	15000	3500000
粉业	90	6000	500	3000	2500000
煤业	40	15000	500	5000	2150000
行栈业	65	22000	2700	5000	2400000
渔业	90	5000	500	2000	160000
绳麻业	30	7000	500	1000	100000
客栈业	106	5000	500	2000	180000
药业	45	14000	500	1000	200000
铁业	3	40000	17700	34700	800000
金银业	13	21000	500	1000	300000
鞋业	90	5000	500	1000	400000
饭馆业	100	5000	500	1000	200000

资料来源：芝罘区商业局史志办公室．芝罘商业志［M］.1987：35.

据 1936 年调查，烟台共有私人工商业 4730 户；其中，洋商 17 户（只统计小部分），饭店 958 户，店栈业 168 户（包括外国旅店 10 家），澡堂业 19 户，理发店 70 户，照相业 25 户[1]。近代中国外部环境的整体转变、传统商业与近代商业并存的格局，都加速了烟台商贸的发展与近代化，而烟台商贸发展带来的各种洋货则成为改变人们生活及其方式的直接媒介，裹挟着烟台悄然进行着一次史无前例的生活革命。

2. 外国商行

烟台开埠，西方诸国纷纷在烟台开办洋行，进行经济侵略。1864

---

[1]　山东省烟台市商业局史志办公室．烟台市商业志（1861 – 1985）［M］.1987：4.

年（清同治三年）英国商人在烟台山下首设和记、汇昌两洋行，经营
进出口贸易和航运代理等业务。至1891年（清光绪十七年），已有英、
德、美、日等国外商洋行11家。甲午战争后，中日《马关条约》的签
订承认了外国在华的投资权，烟台遂成外商主要争夺市场之一，在此
背景下，在烟台设立洋行的国家和数量都迅速增加。1901年（清光绪
二十七年）洋行有26家，1906年（清光绪三十二年）增加到40家；
其中，日本商行有19家，占据首位，其次是英、德、美等，其中著名
的洋行有三井、盎斯、太古、万利、道孚、信孚、美孚等①。至1936
年前后，烟台有各国洋行50余家（见表3-2），烟台是当时山东洋行
数量最多的城市。

表3-2　　　　　　　　　烟台部分洋行（公司）概况

建立年份	名称	国籍	地址	经营范围
1864	和记洋行	英	海岸路	航运、汽车、棉纱、花生等杂物出口
1864	汇昌洋行	英	崇实路	保险、进出口贸易
1867	汇丰洋行	英	滋大路	保险、放汇
1880	盎斯洋行	德	朝阳街	花边、绣花、茧绸、棉纱、花生等进出口
1880	禅臣洋行	德	滋大路	大豆、油料
1893	仁德洋行	英	大马路	花边、绣花、肠衣、鬃毛、草帽辫等进出口
1894	士美洋行	俄	—	花边、绣花、发网、船务、保险、代办银行业务
1896	华俄道胜银行	俄	阳关街	放汇、保险
1896	正金银行	日	滋大路	放汇、保险
1898	三井物产会社	日	滋大路	大豆、豆油、生油、粉丝、五金、机械、洋炭、矿砂等

---

① 李晓飞. 烟台开埠记忆 [M]. 烟台：黄海数字出版社, 2009：150.

续表

建立年份	名称	国籍	地址	经营范围
1899	美孚洋行	美	—	煤油
1910	五星洋行	希腊	—	煤油、保险、船务
1910	颐中烟草公司烟台分公司	英、美	—	卷烟
1910	道孚洋行	德	—	—
1912	敦和洋行	英	海岸路	棉纱、丝绸、绣花、衣裤、台布、水火保险
1912	太古洋行	英	海岸路	进出口业务
1912	克隆洋行	英	海岸路	颜料、肥田粉、碱料
1912	卜内门公司	英	海岸路	—
1912	锦华洋行	英	海岸路	—
1912	西万洋行	英	海岸路	—
1912	滋大洋行	英	海岸路	—
1912	滕田洋行	日	—	专销日本杂货、日用品
1912	中山洋行	日	—	照相业兼销日本杂货
1912	白石洋行	日	—	食品杂货
1912	胜田洋行	日	—	杂货
1912	盛记洋行	英	海岸路	—
1922	倍利洋行	法	滋大路	进出口贸易
1925	岩城商会	日	顺泰街	船舶代理、保险、出口花生、输入糖、布等
1938	华兴商行	日	朝阳街	经营当地土产外来杂货
1939	日本榴花株式会社芝罘出张所	日	顺泰街	专销日本棉布、纱的大企业

资料来源：中国人民政治协商会议烟台市芝罘区委员会文史资料委员会．芝罘文史资料第 14 辑——芝罘印象（烟台开埠）［M］.2010：10；山东省烟台市商业局史志办公室．烟台市商业志（1861－1985）［M］.1987：157－159．

这些外商洋行的分布区域较为集中，主要分布于烟台山下的顺泰街、海岸路、滋大路、朝阳街、大马路、虹口路、北马路一带。在烟台设立的洋行中，规模较大的洋行有英、美的颐中烟草公司、太古洋行、敦和洋行、卜内门公司、克隆洋行、盛记洋行、哈利洋行、美孚洋行、德士古洋行、远东洋行、茂记洋行等，德国的万丰洋行、道孚洋行，以及日本的五星洋行、腾田洋行、中山洋行、井上洋行、白石洋行、胜田洋行等。

这些洋行依靠各自国家驻烟台的领事机构和对海关的控制，并凭借雄厚的资本和通商税等特权，控制着烟台的航运、保险、贸易、金融等经济领域，形成了垄断性经营，主要从事丝绸、草辫、棉纱、棉布、煤油、火柴的输出输入活动，垄断和控制这些商品的运销，控制着外贸出口和航运权，并从事鸦片贸易等非法商业活动，导致大量农副土特产品被低价掠走。例如，当时收购发网一罗（144 个）总成本约为六七角（银元），但售价则是二元二角（银元），利润非常丰厚。据统计，烟台 1902 年出口的手工艺品被洋商掠夺的财富约 500 万元。以仁德洋行为例，该洋行因为受"协定关税"的保护，享有关税豁免权，所以费用低廉，工钱用银元结算，出口则以英镑计算。1900 年时仁德洋行已经累积资本高达五六万两，获利甚巨，占据山东进出口贸易的首位①。

同时，洋行还把大量外国商品输入烟台及内地市场，使烟台充斥着各种洋货，严重阻碍了我国民族工商业的发展，导致很多商人和小工商业者濒临破产；进一步将经营业务范围扩大到航运、保险、贸易、金融代理等行业，且催生了报关业、经纪业、转运业、堆栈业等新兴行业。此外，洋行还利用各种欺骗手段在烟台招收廉价劳工从事苦役。例如，1904 年美孚洋行在烟台招收 4000 多名劳工送往非洲开矿，中途劳工发现受骗而中途返回，并进行了顽强抵抗，最终迫使美孚洋行认罪。但据不完全统计，1896 ~ 1904 年，从烟台骗走的中国劳工多达

---

① 芝罘区商业局史志办公室. 芝罘商业志［M］. 1987：31 - 32.

35000 余人，其中绝大多数劳工死于苦役①。整体而言，这些外商洋行虽然活跃了烟台商业贸易的发展，但也通过经济掠夺压制了烟台民族资本的正常发展。

（二）开埠后烟台的进口贸易

自 1861 年烟台开埠后，外国商人纷纷开始向烟台大批运输货物。随着西方诸国势力的逐渐扩大，洋货进口的比重也日益提高，始终占每年进口比例的 60% 以上；截至甲午战争前的光绪十九年（1893 年），从烟台港输入山东的洋货总值就高达 12276 万海关两②。烟台洋货进口以 1905 年为分界线，1905 年之前进口洋货主要是棉布、鸦片、棉纱、五金、煤、煤油、火柴、粮食、糖、海菜十大类（见表 3 - 3），约占当时进口洋货总值的八成；1905 年后，鸦片、海菜的进口被纸盒染料取代，随着进口项目增多，数额分散，十类商品进口总值下降到六至七成③。其中，棉布是烟台最早进口的洋货之一，在甲午战争前后一直居洋货首位，约占洋货进口总值的 40%。鸦片也是烟台进口贸易中的重点，1882 年前烟台每年进口鸦片约三四千担。五金和煤油在烟台的进口贸易中也占相当大的比重，1882～1891 年间五金的进口值占洋货总进口值的 7%。

表 3 - 3   烟台港历年进口大宗货物

年份	鸦片（千担）	棉布（万匹）	棉纱（万担）	金属品（万担）	煤油（万加仑）	糖类（万担）	大米（万担）	面粉（万担）
1870	4.2	90.7	0.02	3.9	—	—	0.1	—
1880	2.4	95.4	1.2	3.8	1.2	—	10.7	—
1890	0.3	130.0	10.6	16.2	60.7	—	6.2	—
1900	1.8	131.4	11.1	10.6	484.4	—	53.4	43.9

① 李晓飞. 烟台开埠记忆 [M]. 烟台：黄海数字出版社，2009：32.
② 烟台港史（古、近代部分）[M]. 北京：人民交通出版社，1988：76.
③ 庄维民. 近代山东市场经济的变迁 [M]. 北京：中华书局，2000：37.

续表

年份	鸦片 （千担）	棉布 （万匹）	棉纱 （万担）	金属品 （万担）	煤油 （万加仑）	糖类 （万担）	大米 （万担）	面粉 （万担）
1910	0.3	71.0	4.2	90.	345.8	16.2	—	0.3
1920	—	35.4	0.4	17.4	61.1	10.9	—	0.6

注：（1）其他为毛织物、煤、海菜、染料、纸张等；（2）鸦片始有统计为1863年，计981担，直至1912年（673担）止。

资料来源：烟台市交通局史志办公室.烟台市交通志（1840~1985）［M］.北京：科学普及出版社，1993：229.

洋货输入曾经遭到了中国传统自然经济的抵抗，但是为了倾销洋货，外商从降低价格到分析中国民情和民众心理，甚至仿造本土产品商标来冒充本土商品，无所不用其极。英国驻烟台领事馆在《1886年烟台贸易报告》中称，他们"为寻求英国产品销路，几乎没有什么途径没有被探索过"。在此情况下，洋货很快就占据了本地市场，尤其是棉布和棉纱更是如此。外国棉布价格不断降低，必然加剧了与本地土布的竞争，其结果是使本地的棉纺织业受到了极大的冲击和破坏。1871年洋布尚处于"被劝说慢慢试销阶段"，而到了1879年各种棉布就已经遍及本地市场，甚至已经渗入中国的劳动群众中，棉纱也是如此[①]。棉布和洋纱的大量进口使得本地的土布、土纱没有市场，大量手工纺织作坊破产，数以万计的手工纺织业者失业。总体来看，洋货进口是西方列强对烟台乃至中国进行经济掠夺的一个重要体现。

（三）开埠后烟台的出口贸易

当时，经过烟台出口的土货主要有豆饼、豆类、草帽辫、丝绸、粉丝、花生、咸干鱼和虾干类海产品等（见表3-4）。在开埠的最初十年间，豆类、豆饼、豆油的出口值约占土货出口总值的50%，自

---

① 烟台港史（古、近代部分）［M］.北京：人民交通出版社，1988：79.

1863 年开始出口草帽辫，到 1890 年时出口量已达 4.9 万担①，货值近 112 万海关两②，占烟台土货出口总量的 33%。此外，烟台的生丝与丝织品也远销海外，进入 20 世纪 90 年代以后生丝和茧绸取代豆类和草辫，成为了首要的出口商品，出口值合计约占整个出口值的 50%。

表 3-4　　　　　　烟台港历年出口大宗货物　　　　　　单位：万担

年份	豆饼	豆类	咸干鱼	茧绸	草帽辫	粉丝	花生	花生仁	花边发网
1869	65.1	49.2	0.2	0.06	0.5	4.0	—	—	
1881	108.7	10.8	0.7	0.17	3.3	9.2	—	—	
1890	108.8	8.9	1.8	0.21	4.1	15.2	—	—	
1900	116.0	6.5	4.4	0.26	3.6	15.2	10.9	—	
1910	46.9	2.3	4.6	0.74	—	23.7	3.1	17.7	
1920	8.9	—	5.8	1.56	—	14.6	3.8	6.6	361.3 万海关两
1929	3.0	—	6.5	0.74	—	12.2	18.1	12.3	127.6 万海关两
1932	—	—	13.8	—	—	2.2	12.9	6.1	140.6 万元

注：其他大宗。枣：1863~1910 年，年三五万担；中药材：1863~1910 年，年万担上下；豆油：1863~1910 年，年数千至二万担；丝：1863~1929 年，年数千至万担，1935 年为 14.5 万担；花生油：1920~1935 年，年数千至三万担；虾干：1869~1929 年为 0.2~0.9 万担。

资料来源：烟台市交通局史志办公室. 烟台市交通志（1840~1985）[M]. 北京：科学普及出版社，1993：229.

整体来看，出口的土货主要是农副产品和手工业品。简言之，凡是西方列强和洋商们认为有利可图的都在出口范围内，因此出口土货的种类也逐渐增多。根据东海关的原始统计，东海关认为重要的土货种类从 1865 年的 12 种增至 1867 年的 31 种③，出口土货的种类和数量

———————

① 1 担 = 60.453 公斤；16.54 担 = 1000 公斤。
② 海关两：1875 年后，全国海关统一使用的银两单位，规定以纯银 583.3 英厘作为一海关两。
③ 烟台港史（古、近代部分）[M]. 北京：人民交通出版社，1988：54.

取决于外国资本市场的利润和需求。这种"畸形"的出口贸易，使烟台成为了帝国主义国家的低廉原料市场和廉价劳动力市场，也加剧了帝国主义国家对烟台及中国的经济掠夺。

综上所述，开埠后西方诸国及洋商利用其特权低价收购烟台本土的花生、茧丝、花边、草帽辫等土特产和手工艺品，并大量倾销过盛的洋布、洋油、洋火、洋蜡、煤油、化妆品、面粉，还有电气装置、机床、照相设备、各类啤酒、缝纫机机械、五金器具、厨房用炊事灶具、自行车、打火机等商品，以及大量的鸦片，使烟台成为西方列强廉价劳动力的基地、原料产地和剩余产品的倾销市场。仅1905年烟台的对外贸易额就达到1420万海关两，其中洋货进口960万海关两、土货出口仅为460万海关两，进口贸易额是出口贸易额的两倍①。西方列强控制着烟台的贸易、金融、财政、保险、邮电、交通、港务等经济命脉，不仅摧残了烟台的工商业发展，还把烟台变成了半殖民地半封建城市。

另外还有一点需要特别注意，烟台开埠后，近代资本主义经济的发展给烟台带来了一些负面影响。其中，开埠后娼妓业合法化成为一个严重的社会恶习和毒瘤。自19世纪中期烟台被辟为通商口岸以后，妓院便伴随外国资本主义的入侵和烟台由集镇向城市的发展而滋生、蔓延起来。妓院在烟台的泛滥不衰，不仅损害了烟台的社会风尚和烟台人的身心健康，还加剧了社会的混乱。直至烟台解放后，娼妓业才逐步被取缔。

二、手工业的嬗变、改组和兴衰

烟台开埠后，外国机制商品，如棉纱、棉布、五金、火柴、煤油、染料、纸烟的大量涌入，以及后来国内工业的兴起，严重冲击了烟台传统的手工业，改变了传统手工业赖以存在的传统环境，烟台的手工业不可避免地因受到冲击而发生嬗变、改组和兴衰。

---

① 李晓飞. 烟台开埠记忆［M］. 烟台：黄海数字出版社，2009：151.

（一）烟台纺织业的发展

手工棉纺织业曾是烟台最大的手工业部门。据旧县志记载，早在盛唐时期，烟台手工纺织业就十分兴盛，登州生产的葛布要上贡朝廷，据光绪二十三年（1897 年）的《文登县志》记载，唐代"登州土贡赀布""葛布出县中"。而且还有记载说，"海上诸山产葛最良，世谓之文登葛。今为结网捕鱼，不复作布"。到了元代，随着纺织技术改良，棉织机在烟台民间已经得到广泛使用，葛布生产也逐渐被土纱土纺代替，由手投梭改至手拉梭，因此生产速度和产品质量都得到提升。所织布匹大多上缴官府，剩余少量可以在集市上交换，后来随着剩余产品日益增多，烟台所产土布开始流通到东北地区。

但是在 1861 年烟台成为开埠口岸后，随着外国商行和商船的大量进入，洋纱洋布大量进入烟台市场，成为当时重要的进口商品之一，这就导致当地传统土布首当其冲受到冲击，逐渐失去市场，价格也迅速跌落。1866 年，本色布售价仅为 2.4～2.9 两白银，翌年降为 2.3～2.5 两，1869 年则为 2.2～2.3 两。在外国资本控制的对外贸易中，棉布进口几乎占全部进口额的 40%，且逐年递增。仅棉布中染色衬衫布一项，1886 年是 2681 匹，1887 年是 14853 匹，1888 年是 15416 匹，1889 年是 20370 匹，1890 年是 30940 匹，1891 年是 36325 匹，6 年中增长了 12.5 倍；棉纱进口在 1885 年为 39881 担，1886 年增为 56725 担，增加额超出了 1883 年的全部进口量[①]。随着外国机制棉纱和棉布大量进口行销，洋纱成为最畅销的洋货，而在洋纱洋布的强大冲击下，土纱、土布在市场上被完全排挤，烟台主要城镇的家庭手工纺织业逐渐萎缩，导致成千上万的手工棉纺织业停纺、停织，给当地民众生活带来严重影响。

烟台传统的手工棉纺织业本是为了自给自足，有剩余的才拿到市场上出售，但随着传统手工纺织业的破产，传统手工业生产者转而购买廉价的洋纱织土布到市场销售，使传统手工棉纺织业出现了商业化

---

① 王晓光，马文生，王元令．烟台市纺织志（1858～1985）［M］．1988：5．

倾向，传统手工棉纺织业被迫进行改组。但是从另一方面来看，烟台开埠后，因为缫丝与纺织品是出口的重要物资，所以带动了烟台纺织业的发展。整体而言，烟台纺织业的发展在缫丝与丝织业、棉纺织业方面取得的成就最为突出。

1. 缫丝与丝织业

手工缫丝业和丝织业在烟台有悠久的历史，烟台开埠后，在十九世纪的八九十年代，丝和丝织品是烟台最重要的出口商品，据郑千里在《烟台要览中》记载，"制成柞蚕丝（即野蚕丝）织物（即茧绸）以输出于海外者，为数特巨……由柞蚕茧制成柞蚕丝或织物之工业，以烟台为最盛"。市场需求的扩大，促进了烟台传统手工缫丝业和丝织业的嬗变与发展。

烟台的缫丝业一直采用旧法，以家庭副业劳动形式为主，由缫丝者在自家架设数台或数十台缫丝器从事制造。19 世纪末，烟台开始零星出现拥有缫车上百架，使用数百缫工的缫丝工厂、缫丝作坊。烟台的制丝工场，俗称"织纺工场"，在丝绸出口日盛的刺激下，烟台丝绸工业发展迅速，1875～1911 年的 37 年间，经烟台港出口的柞丝达到 28460.76 吨，年均为 769.21 吨；柞绸 199.32 万匹，年均 5.38 万匹；总值约 11439.92 万两，年均 309.18 万两①。在此背景下，烟台的缫丝业发展迅速，1912 年烟台手工缫丝工场达 44 家，缫车总数达 14629 台，年产量约为 15000 担；至 1923 年时，烟台的织纺工场还"号称三十余家，机械缫车 13000 余支"（见表 3 – 5），并且形成了一些著名商标。

表 3 – 5　　　　　　1923 年烟台缫丝工厂情况一览　　　　单位：支

缫厂字号	主人	缫车支数	著名商标
义丰德	孙文山	600	纺丝、双龙、杏花
义丰恒	恒兴德	470	—
义孚同	王子元	614	牡丹花

---

① 中国人民政治协商会议烟台市芝罘区委员会文史资料委员会. 烟台文史资料第 4 辑 [M].1989：114.

缫厂字号	主人	缫车支数	著名商标
义昌丝厂	宋义昌	324	双象、单象
义昌东场	义昌	306	双象、单象
双聚兴	王文珊	612	金鱼缸
裕记缫坊	和聚栈	576	华盛顿
裕德源	陈立东等	504	雀梅
德记缫坊	裕丰德	375	金鸳鸯
源记缫坊	裕丰德	400	琴女
东德记	陈立东等	346	鹌鹑
公晋和	孙有政堂	506	金幅
盛记缫坊	曲学亭等	393	字号旗、钟楼
祥茂公	杜存性堂	503	耕种
裕兴昌	李德裕堂	212	芝罘山
裕生祥	傅笃敬堂	250	双喜
成和昌	张景隆堂	348	飞熊
泰安缫坊	孙候甫等	440	藤萝、骆驼
敦化丝场	张德纯等	527	灵芝草
义记缫坊	王靖庵等	540	大舜耕田、同盟、双狗
和记缫坊	养马岛孙记	459	水仙花
东生德丝场	牟平德记	276	梅兰芳、袁世凯
东生德丝厂	泰成东	348	画眉、电话金银石
东生德丝厂	丰盛同	200	金佛
成聚祥	刘策卿	220	福寿、双星
恒记缫坊	恒兴德	252	马头娘
顺记缫坊	顺盛号	234	天王李靖
西裕记	李仲约等	240	—
源记缫坊	源茂	188	—
人和昌	于振尘	300	

缫厂字号	主人	缫车支数	著名商标
恒升春	徐同善堂	400	—
福胜利	叶丹亭	176	—
同兴德	于怀德堂	184	—
和兴德	萧虞臣等	220	—
德和永	张海峰	278	—
德兴缫坊	裕顺德	240	—

资料来源：郑千里. 烟台要览 [M]. 烟台：胶东新报社，1923：204－206.

　　手工缫丝业的兴盛，促使缫丝业内部发生了改组，使家庭手工业向手工工厂过渡，并对烟台的市民阶层和市民生活产生了重要影响，形成了新的城市民俗。

　　其实，在烟台开埠前的 1859 年，英国商人就已经在烟台海防营开设了缫丝厂，1877 年德国的克格斯曼和哈根洋行也在烟台设立了缫丝局以缫丝织绸，置办手工生产的织机 200 架；1892 年将一半织机改为蒸汽机；1895 年全部改为机织，日产提高到 150 斤；1883 年前这个厂是德国在中国经营的唯一工业企业。1879 年德国又创办了"弗兰大"织布厂（1881 年关闭），这是山东省最早的机器纺织厂。在此背景下，随着烟台商品经济的发展，以及外国先进技术和机器的刺激，20 世纪初烟台民族资本快速发展。1908 年创办了烟台第一家机器纺织业"锦华袜厂"，此后，在烟台、掖县、荣成等地先后建立了织袜厂、织布厂、线带厂等，1921 年时共发展为 14 家[①]。

　　2. 棉纺织业

　　20 世纪 20 年代，一些潍县人将其织机设备迁至烟台，在烟台市区的华丰街、利丰街一带从事纺织生产，而后市内的一些本地官僚与商人等纷纷效仿，纺织工厂数量增多，逐渐扩展到南洪街、经纶街、通海巷等。1923 年出版的《烟台要览》对当时棉织业有详细记载：

---

　　① 王晓光，马文生，王元令. 烟台市纺织志（1858～1985）[M]. 1988：6.

烟台之棉织工业，略分为线袜、布匹、毛巾三项，尤以织袜工业为最发达，其工厂达数十处，合埠全年出口约五、六万打，所用洋线皆仰给日本，近皆改用上海所产之中国线，然间亦有用印度及美国线者，销行于海参崴、哈尔滨、大连及本省内地等处。织布厂前有中华织布公司，用机器马力织造斜纹布、打连绒为最有成绩，旋因亏累而废。现仅有小规模之小工厂。中有一家能织台布（谦泰福），出货颇佳。其余除织格子布、条子布、白粗布外，兼织腿带各小织品，如经余各织布厂是也。此项织品仅行销于埠内及乡间，此外又有信义工厂、不器工厂、贫民工厂等，专织毛巾，销行于本埠及内地各处。棉纱亦多用上海线中国及印度线云。

《烟台要览》记录了当时烟台棉纺织业的发展概况，烟台的棉纺织类产品主要有线袜、布匹、毛巾三项，1928年烟台开始使用电力，机器工业日趋发达。到1939年，烟台市的私营纺织工业达到鼎盛，尤其是在针织业、织布业方面的成就最为突出。

（1）针织业。

烟台开埠后，对烟台针织业的推动作用最为显著，从而带动了烟台针织业发展。烟台针织业的发展主要表现在两个方面：一方面是针织业规模的扩张；另一方面是针织业的改组与嬗变。

第一，烟台针织业规模的逐步扩张。

烟台的针织业始于1908年，产品主要以织袜、织带及小棉针织品为主。其中，最早发展的是织袜业，1908年烟台第一家机器纺织业"锦华袜厂"创办，规模较小，从业人数不多，只有5台织袜机生产线袜。生产线袜所需原料是棉纱和颜料，因原料紧缺且价格昂贵，所需颜料多由日本进口，而且因为颜色种类单一，袜业生产受到较大限制，所以经营困难，发展缓慢。1914年后，随着国内棉纺业整体发展，所需原料多为上海生产，间或采用印度和美国棉线，线袜所需原料增多，价格随之降低，于是在烟台开办了更多的织袜工厂，20世纪20年代烟台市机器纺织工业普遍形成，织袜业即占了相当比重，这一点在《烟台概览》中有明确记载，"烟台之棉织工业，略分为线袜、布匹、毛巾三项，尤以织袜工业为最发达，其工厂达数十处"。

1921年王盛轩等人兴办的"成记"针厂正式投产，该厂引进日本成套设备生产缝纫机针和袜针，手摇袜针在本地开始批量生产，年产量50万支，针织器材的生产推动了烟台织袜行业的发展。1924年烟台大小织袜工厂发展到20余户，1935年发展到30余户，织机100余台，其中有4台电机传动，织袜业在烟台趋一时之盛。如庆祥织袜厂、独一处织袜厂、同生盛织标厂、仁昌祥工厂等，其中，烟台福聚德规模最大，时有工人42人，其余小厂多在几人至十几人不等，资金在千元左右。1934年全市织袜业资金为56108银元，织袜业在"七七事变"以前生意最好，日军侵占烟台时期，因兵连祸结，资金周转困难，销路不佳，厂家倒闭者甚多；1944年大部分袜厂被迫停业，1945年和1946年烟台市仅有11家袜厂惨淡经营；1948年国民党进攻胶东，厂家全部停产（见表3-6）。

表3-6　　　　　1908～1948年烟台市私营针织厂（部分）

企业名称	经理姓名	组织形式	从业人员	资金（元）	开业时间	地址
锦华	—				1908	烟台
永志祥	孙子玉	—	11	5000	1939	烟台北大街240号
威城	林寿均	—	14	2400	1939	烟台桃花街19号
福聚德	宁维廷	—	42	2000	1939	烟台桃花街14号
仁昌祥	于家齐	—	7	500	1939	烟台二道兴隆街
谦生祥	曹品三	—	10	3000	1939	烟台会英街
致祥	尹巨川	—	11	1500	1939	烟台临衢街
东明	杨懋碬	合资	31	5600	1945	烟台桃花街5号
陈庚西	陈庚西	独资	5	700	1945	烟台信义街44号
新丰	吕锡昆	合资	23	1800	1948	烟台东南台子30号
荣隆	关荣周	合资	11	1600	1948	烟台粉市街20号

企业名称	经理姓名	组织形式	从业人员	资金（元）	开业时间	地址
福和	于瑞泉	独资	1	—	1948	烟台北门外东街 13 号
仁顺隆	赵俭平	独资	4	4000	1948	烟台建昌区北门外 13 号
东裕	于尚古	合资	8	3780	1948	烟台市府街 29 号
文香	张文香	独资	2	500	1948	烟台二马路 147 号
鸣凤	刘立斋	合资	2	600	1948	烟台会英街 19 号

资料来源：王晓光，马文生，王元令. 烟台市纺织志（1858～1985）[M]. 1988：120－121.

第二，烟台针织业的改组与嬗变。

开埠后，烟台针织业最大的改组与嬗变表现在生产方式的改进。以烟台织袜业为例，在烟台织袜生产的初期，都是使用手摇机生产，手工操作，从业者多是十三四岁的女子。但是在 20 世纪 20 年代则开始引进机械化生产，其中对烟台织袜业影响较大的是 1921 年王盛轩等人兴办的"成记"针厂，该厂是从日本引进了成套设备，可以生产缝纫机针和袜针，袜针的生产有力地推动了烟台织袜业的发展。发展到 1935 年前后，烟台已经有 4 台电机传动，开启了现代机械化的生产。得益于此，烟台袜类的产品种类更加多元，袜类品种主要有高腰、矮腰两类；同时，在质量上比传统的袜子更加坚固耐穿，因此烟台生产的袜子除在本省销售外，自 20 世纪 20 年代起，线袜开始销售至海参崴、哈尔滨、大连等处，还大量出口南洋，"合埠全年出口约五六万打"①。

除袜业外，开埠后烟台也有针织衫裤的生产。民国初时福山一带有从事针织衫裤生产的家庭手工业。1931～1932 年在贫民工厂内设针织部，教授并从事背心及卫生衣的织造。1939 年孙子玉在烟台市北大街 240 号设立了永吉祥针织厂，专门从事针织线衣的生产。同年，尹巨川投资 1500 元在烟台儒林街设立致祥号针织厂，生产线衣和布伞，

---

① 郑千里. 烟台要览 [M]. 烟台：胶东新报社，1923：244.

此后针织内衣生产逐渐兴起，但因战事频繁，其设备较为复杂，资金占用又较织袜业偏多，所以发展规模、范围十分有限。

针织业的发展生产了袜子、背心、卫生衣等产品，使其成为烟台人的日常消费品，由此带来了城市生活习俗的变迁。

（2）织布业。

除针织业外，织布业也是烟台开埠后快速发展的手工业，开埠后织布业快速发展的根本原因有两个：一是开埠后市场需求大；二是采用了国外引进的纺织机器和技术，提高了生产效率，如《烟台要览》中记载的中华织布公司用机器马力可以织造斜纹布、打连绒。

辛亥革命时期，胶东地区的纺织手工业出现了"机户出资经营，机匠计工受值"的私营作坊，一些财主、富商开始兴办织布。1913年烟台商人马怀清从北京买来4台织布机，开设了烟台第一个织布厂——万和成织布厂。1915年烟台商人朱鸿策和道台朱子勤集资购置了10余台织布机，开设了天增织布厂。而后潍坊一带的许多私商及业主陆续将织布工厂迁至烟台。1924年全市已有德聚东、天增、三成兴、同发等织布厂家，织机约近百台，工人250余人。1936年织布厂增加到30余家，织机约1800台，除传统织机外，个别厂开始使用电力传动的织布机。1939年小型织布工厂在烟台发展迅速，当年成立了14家织布工厂，从业人员820余人，在烟台市华丰街、利丰街、经纶街、通海巷等处连网结片（见表3-7）。随着日本侵略军对胶东的侵入，交通封锁，原纱无法入烟，许多织布厂陆续倒闭。到1945年，全市仅有厂家30个，织机不足千台，至烟台第二次解放前，所有织布工厂全部关停。

表3-7　　　　　　　　　　烟台市私营织布厂情况

企业名称	经理姓名	组织形式	从业人员（人）	资金（元）	开业时间（年）	地址
万和成	马怀清	—	11	1000吊	1913	烟台市府街72号
天增布厂	朱鸿策	—	—	—	1915	烟台
三成兴	朗益丰	合资	53	1520	1920	烟台天和巷

企业名称	经理姓名	组织形式	从业人员（人）	资金（元）	开业时间（年）	地址
隆成兴	—	合资	40	2080	1923	烟台利丰街
德聚盛	—	合资	13	1500	1923	烟台华丰街
同发	—	合资	22	1350	1924	烟台南鸿街
东聚泰	—	合资	20	1000	1925	烟台经纶街
长生茂	—	合资	22	500	1925	烟台通海巷
同义	—	合资	23	1000	1926	烟台南鸿街
太昌	—	合资	30	2000	1930	烟台东来兴街
德泰	—	合资	47	6000	1931	烟台通海西巷
德聚东	—	合资	42	2500	1931	烟台华丰街
协利	—	独资	6	200	1931	烟台华丰街
利兴	—	独资	4	200	1932	烟台华丰街
瑞华	唐竞成	合资	28	2000	1932	烟台华丰街 1 号
天宝衡	王富斋	合资	23	4900	1936	烟台含山里 20 号
德和盛	—	合资	23	1500	1938	烟台招贤街
同义仁记	林子诚	独资	24	6000	1938	烟台晏芳北街 3 号
义成	吴佐亭	—	15	800	—	烟台瓷场街 4 号
聚丰	李竣生	—	100	1000	1939 年前	烟台华丰后街 13 号
永丰	李竣智	—	100	1000	1939 年前	烟台华丰后街 13 号
同增	王怀普	—	63	800	1939 年前	烟台西大街
丰泰隆	崔善堂	—	23	800	1939	烟台利丰街
益新	鲁少峰	—	94	8800	1939	烟台北马路
仁兴	赵岫山	—	52	5500	1939	烟台北大街
隆成兴	郎义泰	—	85	15000	1939	烟台经纶街
瑞华德记	任镇东	—	64	6600	1939	烟台利丰街
聚兴	崔善堂	—	47	3000	1939	烟台北大街

企业名称	经理姓名	组织形式	从业人员（人）	资金（元）	开业时间（年）	地址
东盛	刘东鲁	—	65	1000	1939	烟台通海东巷
德泰新记	林广运	—	97	20000	1939	烟台经纶街
德丰厚	王显廷	—	81	800	1939	烟台天合巷
福新	王德堂	—	60	8000	1939	烟台海坝胡同
万春盛	孙冠英	—	76	3400	1939	烟台阳春西巷
协新	张子受	—	53	4500	1969	烟台晏芳北街

资料来源：王晓光，马文生，王元令. 烟台市纺织志（1858～1985）[M].1988：74－76.

在机器工业出现以前，烟台传统的纺织产品多属土布，织出白坯土布后经直接染色后出售。而随着机器工业出现，产品的种类显著增多，据《中国实业志》记载，1934年时山东出产的布匹以济南、烟台最多。烟台年产可达65500匹，产品种类有自由布、条子布、格子布、府绸、冲府绸、斜纹布、线呢、双纹呢、爱国布、洋布、中山布、线呢、罗纹呢、花色呢、白平布、蚊帐布、帆布、雨伞布等①。在此过程中，纺织所需原料来源也发生了变化，在传统的家庭土织兴盛时，所用棉纱除自纺外，多来自农村。民国初年随着机器织布业兴起，棉纱主要从上海、宁波、福建、天津、青岛等地购入，并且有些本地货栈从事棉纱的转手买卖。

除布匹外，"巾被"生产也是烟台棉纺织业中的重要品类，其中的毛巾生产成为当时烟台三类重要的棉纺织之一。1914年马敬轩、曲书斋、修先明等人合资1000吊钱，在烟台市致远街创办了"信义棉织社"（1949年更名为"烟台大华毛巾厂"），有工徒43人，手摇毛巾织机2台，生产手帕、原白毛巾、线带等织物，年产量1000打，1938年年产面巾3000打，该厂在烟台独自生产此类产品20余年，是全省范围内的重要厂家。1943年后，福生成、大华、生生、金兴几个小厂陆续

---

① 王晓光，马文生，王元令. 烟台市纺织志（1858～1985）[M].1988：70－71.

建立（见表 3 - 8）；解放前夕，烟台面巾年产量在 7 万条左右，1949年产值为 4.6 万元①。

表 3 - 8　　　　　　1908～1948 年烟台市私营针织厂（部分）

企业名称	经理姓名	组织形式	从业人员（人）	资金（元）	开业时间	地址
信义	马敬轩	合资	43	1000 吊	1914 年	烟台致远街
福生成	林殿基	合资	8	2250	1943 年 9 月	烟台面市西街 8 号
大华	张景良	合资	30	24000	1949 年 5 月	烟台张家窑 32 号
生生	张砚田	合资	12	1687	—	烟台致远街 18 号

资料来源：王晓光，马文生，王元令. 烟台市纺织志（1858～1985）［M］.1988：147 - 148.

（二）花边业与发网业

与传统的手工棉纺织业、缫丝业、丝织业的发展不同，开埠后，随着西方宗教和传教士的进入、市场需求和出口增加的刺激，烟台的花边业、发网业迅速发展起来。在鼎盛时期，烟台从事花边、绣花、发网劳动生产的厂内外女工约有三万人之多，厂内固定工人也有数千人，较大工厂在三百至五百人之数，每人每月收入工资可维持两个人的最低生活水平②。花边与发网业的兴盛，带动了烟台城市职业结构的变化，以及男女分工的变迁。

1. 花边业

烟台花边业的发展源于开埠，可以从两个方面来理解。

（1）舶来品初入烟台。

据 1915 年的《直隶实业杂志》记载，"烟台之手制镂花，为此地之新工业，其创始于 1894 年"，而在 1894 年将花边带入烟台的是西方传教士，花边是舶来品。1894 年，美国基督教长老会的牧师乔治·赫

---

① 王晓光，马文生，王元令. 烟台市纺织志（1858～1985）［M］.1988：146.
② 烟台市工商联、民建会史料工作委员会. 烟台工商史料第 1 辑 ［M］.1986：13.

士夫妇来烟台开班招收妇女教织花边，其后织花边的女子班由英国传教士马茂兰夫妇承续。她一边在中国女教徒中广泛传授花边技艺，一边在南山路开办了一所专以习作花边为主的"教徒手工学校"（后改名为"培真女子中学"），在烟台培训了一批织作花边的青年女工。随着花边出口需求量的增长，从1902年开始，烟台开始建立专门的花边工厂，到清末已经发展到数十家；到1910年左右，烟台附近地方已有数以千计的妇女从事花边生产；1904年，烟台花边参加美国圣路易赛会，获得金质奖牌；1907年又在澳大利亚妇女工艺赛会上获得优等凭照。

（2）开埠后商贸的兴盛推动了花边业的发展。

烟台花边业迅速发展的重要原因是巨大的市场需求。开埠后随着商贸业的发展，花边成为重要的出口产品，烟台花边开始大批输往英国、美国和澳洲，这种物美价廉的中国工艺品很快就打开了国际市场。由此甚至出现了专门从事花边贸易的洋行，其中最典型的就是"仁德洋行"，该洋行是马茂兰以他自己的名字命名成立的"詹姆斯·马茂兰贸易公司"，中文名字是"仁德洋行"，洋行设在烟台大马路。自20世纪60年代以来，欧美各国在烟台设立洋行，凡是经营进出口贸易的几乎都经营花边绣花等业务，各大洋行在世界各地有自己的市场，根据各国不同的风俗习惯，生产不同的花边。除洋行外，烟台本埠经营花边的商行也非常多，抗日战争前经营花边的庄号发展到110家，其中，资本额超过5000元的庄号有7家（见表3-9）。

表3-9　　　　　　　　　1938年烟台花边庄号一览

庄号名称	地址	组织形式	资本（元）	产品名称	价值（元）
寰海商行	烟台朝阳街	合资	7840	花边、台布	不详
和聚号	烟台张裕路	合资	4000	花边、台布、绣花	10000
亿中号	烟台张裕路	合资	32500	花边、台布	200000
丰顺祥	烟台大马路	合资	3900	花边、台布、绣花	40000
源成兴	烟台大马路	合资	3500	花边、台布、绣花	20000
德泰号	烟台大马路	合资	15000	花边、台布	60000

续表

庄号名称	地址	组织形式	资本（元）	产品名称	价值（元）
德成号	烟台大马路	合资	2200	花边、台布、茧丝	100000
恒顺祥	烟台大马路	合资	2200	花边、台布、绣花	30000
信丰商号	烟台海岸路	合资	30000	花边、台布、茧丝	200000
同义号	烟台大马路	合资	2000	花边、台布、绣花	10000
顺泰号	烟台大马路	合资	1250	花边、台布	10000
兴业号	烟台张裕路	合资	3300	花边、台布、绣花	30000
裕生号	烟台大马路	合资	1200	花边、台布、绣花	15000
震寰号	烟台大马路	合资	2600	花边、台布、绣花	35000
德合涌	烟台大马路	合资	5500	花边、台布、绣花	40000
万亨行	烟台广仁路	独资	1200	花边	不详
外贸行	烟台滋大路	独资	8500	花边、台布	30000
通昌工厂	烟台三马路	独资	200	花边、台布	5000
发利号	烟台朝阳路	独资	3500	花边、披布、台布	10000
东记商行	烟台海岸路	合资	1000	绣花、花边	2000
德聚工厂	烟台四马路	独资	100	绣花、台布	2000
福华号	烟台广仁路	合资	9000	花边	不详
裕昌恒	烟台红十字路	独资	800	花边、绣花	5000
华东号	烟台大马路	合资	1000	花边、台布	不详
福和成	烟台东陆街	合资	800	花边、台布	5000
明蚨号	烟台爱德街	独资	2000	花边、台布、绣花	15000
德祥泰	烟台爱德街	合资	3800	花边、台布	10000
义泰成	烟台大马路	合资	525	花边	15000
裕昌号	烟台大马路	合资	1500	花边、台布	30000
华诚和	烟台大马路	合资	2200	花边	60000
恒祥号	烟台大马路	合资	2200	花边	50000
泰东号	烟台大马路	合资	3000	花边、台布	30000
德裕恒	烟台大马路	独资	200	花边、台布	7000

续表

庄号名称	地址	组织形式	资本（元）	产品名称	价值（元）
义兴永号	烟台富荣街	独资	100	花边	3000
协顺东	烟台富荣街	合资	80	花边、台布	2500
陆顺兴	烟台富荣街	合资	150	绣花、台布	5000
源泰号	烟台大马路	合资	1150	花边、台布	5000
广益号	烟台大马路	合资	600	花边、台布	3000
和生成	烟台大马路	合资	1200	花边、台布	不详
文泰号	烟台大马路	合资	1850	花边、台布	7000
同兴成	烟台大马路	合资	1200	花边、台布	7000
运济号	烟台大马路	独资	400	花边、台布	5000
同盛工厂	烟台东门外	合资	3300	花边、台布	5000
华安号	烟台大马路	合资	2000	花边、台布	20000
立信号	烟台大马路	合资	2200	花边、茧绸	10000
谦信德	烟台大马路	合资	3800	台布、花边、茧绸	18000
协裕盛	烟台大马路	合资	3000	花边、台布	18000
增泰利	烟台大马路	合资	3400	花边、台布	15000
恒信工厂	烟台悦来街	合资	400	绣花、台布	2000
东盛号	烟台富守街	独资	400	绣花、台布	2000
宇达商行	烟台庆隆胡同	合资	5000	花边、台布	20000
同福工厂	烟台三马路	合资	1400	绣花、台布	25000
祥泰号	烟台富荣街	合资	400	花边、台布	不详
茂德工厂	烟台三马路	合资	200	花边	1200
福升长	烟台大马路	独资	400	花边	3000
泰华号	烟台大马路	合资	1100	花边	3000
协丰工厂	烟台大马路	合资	500	台布	6000
华胜长	烟台大马路	独资	500	花边	4000
振丰和	烟台大马路	独资	400	花边	4000
新泰号	烟台焕文胡同	合资	600	花边、台布	3000

庄号名称	地址	组织形式	资本（元）	产品名称	价值（元）
德丰号	烟台焕文胡同	合资	2000	花边、台布	12000
新成工厂	烟台四马路	独资	600	花边、台布	6000
恒聚兴	烟台大马路	合资	1750	花边、茧绸、绣花	5000
德盛顺	烟台大马路	独资	1000	花边、茧绸、绣花	5000
蚨顺祥	烟台大马路	独资	50	茧绸、绣花、台布	2000
德昌号	烟台大马路	独资	1000	花边、茧绸绣花等	不详
永和东	烟台大马路	独资	1000	花边、茧绸绣花等	不详
永和兴	烟台大马路	独资	300	花边、茧绸绣花等	不详
久成德	烟台大马路	独资	300	花边、茧绸绣花等	不详
义聚成	烟台大马路	合资	1000	花边、茧绸绣花等	不详
宏大号	烟台大马路	合资	800	花边	不详
德丰号	烟台张裕路	合资	1900	花边	30000
公和顺	烟台张裕路	独资	400	花边	13000
同聚祥	烟台张裕路	合资	3000	花边	25000
公顺和	烟台张裕路	独资	200	花边	35000
源顺长	烟台张裕路	合资	4000	花边	30000
源茂东	烟台张裕路	合资	1000	花边	15000
宏兴德	烟台张裕路	合资	800	花边	22000
永益信	烟台张裕路	独资	800	花边	不详
顺昌号	烟台张裕路	合资	3000	花边	不详
信康号	烟台二马路	独资	200	台布	1500
同丰工厂	烟台二马路	独资	200	台布	3000
同聚工厂	烟台二马路	独资	250	台布	5000
广和兴	烟台南山路	合资	2900	花边、台布	不详
鸿升工厂	烟台南山路	独资	500	花边、台布	6440
仁成号	烟台三马路	独资	100	花边、台布	500
玉秀工厂	烟台三马路	独资	2000	绣花、台布	30000

续表

庄号名称	地址	组织形式	资本（元）	产品名称	价值（元）
德源泰	烟台悦来路	合资	3000	花边、台布	不详
鸿泰工厂	烟台南山路	独资	700	花边	不详
鲁产号	烟台南山路	独资	400	花边	不详
信民号	烟台南山路	独资	2100	花边	不详
新益号	烟台南山路	合资	600	绣花	不详
荣丰号	烟台富荣街	合资	300	花边、台布	6000
永兴德	烟台富荣街	独资	100	花边、台布	5000
魁丰号	烟台牛奶胡同	独资	200	花边、台布	5000
福和兴	烟台十字街	独资	200	花边、抽线、台布	6000
明记号	烟台中西堂胡同	合资	2450	花边、台布	20000
信远号	烟台中西堂胡同	合资	1500	花边、台布	12000
天来悦	烟台中西堂胡同	独资	300	花边、台布	8000
华泰号	烟台中西堂胡同	合资	200	花边、台布	5000
文德成	烟台中西堂胡同	独资	300	花边、台布	6000
天赋隆	烟台十字街	独资	100	花边	1000
成泰工厂	烟台南山路	独资	600	绣品、花边	1200
裕隆工厂	烟台大马路	独资	400	花边、台布	660
复益号	烟台染坊前街	独资	3000	绣品	12000
永发号	烟台东沟街	独资	150	绣品	1000
新德号	烟台三马路	独资	150	绣品	2600
茂记号	烟台三马路	独资	400	绣品	3500
源盛号	烟台四马路	独资	1000	绣品、花边	24800
新成号	烟台修政街	合资	600	绣品、花边	16000

资料来源：烟台市工商业联合会. 烟台市工商业联合会志［M］. 北京：中国文史出版社，2012：118–121.

花边业是烟台重要的产业，民国初年烟台的花边业处于极盛时期，1919 年《农商公报》的文章报道，"花边为吾国近年之重要出品，就中产出于山东方面者，居全数十分之九，以芝罘、烟台一带为其产地"①。鼎盛时期的 1915～1918 年，烟台的花边出口额连续四年占全国出口总额的 90% 以上，甚至高达 98%，因此烟台也是中国花边业出口第一大港。1919 年起，受日本和苏浙等竞争影响，烟台失去了绝对垄断地位，出口额占比常年徘徊于 20% 左右②，但仍位居全国次席（见表 3-10）。

表 3-10　　　　　　　　烟台的花边出口额　　　　　价值单位：海关两

年份	价值（烟台）	价值（全国）	占比（%）
1911	59674	—	—
1912	124395	—	—
1913	145326	—	—
1914	143639	—	—
1915	293030	301288	97.3
1916	444472	455458	97.6
1917	580633	624435	93.0
1918	943674	983452	96.0
1919	493281	2106090	23.4
1920	753882	2696656	28.0
1921	873885	5468415	16.0
1922	1438810	5963893	24.1
1923	666526	4568288	14.6
1924	655663	4964752	13.4
1925	694834	4761137	14.6
1926	591058	5299593	11.2
1927	755023	5439677	13.9

资料来源：交通部烟台港务管理局. 近代山东沿海通商口岸贸易统计资料［M］. 北京：对外贸易教育出版社，1986：195.

---

①②　唐家路，崔研因. 晚清民国时期的烟台抽纱花边业［J］. 城市史研究，2019（2）：130－143.

2. 发网业

发网是用人的头发制成的装饰品，除美观外，主要功用是将发网网在头发上，可以防止头发被风吹乱。几乎在花边业兴起的同时，发网业在烟台附近开始兴起。烟台发网业的发展与花边业极为相似，也是由西方传入的舶来品。1908 年在青岛经商的一位德国商人来烟台传授欧洲发网编织技术。1909 年英国商人开始从烟台等地购入发网出口，到 1916 年有包括外商仁德洋行、普西洋行、华商裕丰洋行等在内的 15 家洋行从事发网出口，正是因为从事发网出口也获利甚厚，所以推动了烟台发网业的快速发展。民国初年，发网业一度成为一项以妇女劳动为主、辅助家庭生计的重要家庭手工业。据《烟台要览》记载，当时烟台有从事发网生产的工厂约百余家，多集中在东马路一带，发网原料最初是从德国进口，后来烟台本埠能自行制染原料。1918 年，烟台的发网业达到鼎盛，烟台经营发网的商号达到 67 家（见表 3 - 11）。

表 3 - 11   烟台发网商号一览

字号	经理姓名	地址
裕丰公司	李虹轩	海岸街
亿中公司	刘滋堂	张裕路
丰盛和	王鸣九	大马路
久安公司	袁文星	东太平街
源昌公司	黄元三	大马路
中法公司	董勋臣	大马路
义和公司	乐子明	大马路
恒丰公司	赵智远	大马路
慎丰公司	黄东旭	广仁路
华成和	萧星海	大马路
德合湧	林树滋	大马路
同德恒	杨树玉	朝阳街

续表

字号	经理姓名	地址
万利公司	关瑞芬	朝阳街
鼎兴公司	李式谷	悦来里
裕华丰	傅馨臣	广仁路
成记	慕英三	悦来里
春华昌	秦振庭	大马路
丰顺祥	柳絮桥	大马路
远丰公司	高守中	广仁路
益记	于振尘	大马路
发业公司	王敬五	焕文胡同
广益兴	林实山	大马路
和顺号	韩绥之	十字马路
蚨祥公司	宫焕亭	大马路
华德公司	贾新三	南山路
成丰号	马成三	大马路
协和公司	王汉宸	南山路
同兴公	谢洛亭	太平街

资料来源：郑千里. 烟台要览 ［M］. 烟台：胶东新报社，1923：225 - 227.

　　1920 年烟台本地经营发网的商号改变了只为外商代收和放活的经营方式，直接组织发网对外出口，1921 年直接组织对外出口发网的商号达到 36 家，职员 735 人，出口价值白银 717 万海关两。20 世纪 30 年代的初中期，烟台每年出口发网达 200 万罗，1937 年达到 300 万罗，总价值为 1500 万元①。一时间，烟台的花边工艺品行销世界各地，以法国最多，英美德次之，出口额占全国的一半以上（见表 3 - 12）。

---

　　① 烟台市工商业联合会. 烟台市工商业联合会志 ［M］. 北京：中国文史出版社，2012：121 - 122.

表 3 - 12　　　　　　　　烟台发网出口额　　　　价值单位：海关两

年份	价值（烟台）	价值（全国）	占比（%）
1923	2904973	4829349	60.15
1924	1753119	2700735	64.91
1925	1211797	1742796	69.53
1926	861482	1704469	50.54
1927	616722	1287913	47.89
1928	594218	1026509	57.89
1929	637119	1325254	48.08
1930	710243	1317343	53.91
1931	585183	1008427	58.03

资料来源：交通部烟台港务管理局．近代山东沿海通商口岸贸易统计资料［M］．北京：对外贸易教育出版社，1986：196.

花边业和发网业是在传统手工业遭受破坏之后为适应国内外市场的需要而建立起来的新兴手工业，对当时烟台的社会观念和风尚生产了重要影响。

总体来看，开埠之后，烟台传统的手工业在殖民遭遇面前也被近现代化了，一些传统的手工业经历了嬗变改组的过程，而同时也有一批新的手工业兴起，这些都引发了城市民俗的变迁。

三、近代新式工业初见端倪

开埠以后，晚清时期的一些海外投资者和当地富绅都看中了烟台的开埠环境，近代工业也借此发展起来，既有外商投资兴建的工厂，也有爱国人士兴建的一批民族工业，共同奠定了烟台近代工业发展的基础。

（一）外资在烟台兴建的近代工业

1861 年开埠后，外国资本主义势力开始在烟台大肆兴办缫丝等工业，外商投资的多是近代机器工业。最早的外资企业是 1886 年德国建立的李契曼船舶修造洋行，开启了烟台近代机械工业；1872 年德商又在烟台创办蛋粉厂，当年出口蛋粉 46.76 担；1877 年德国的盎斯（Anz）、哈根（Hagen）设立烟台缫丝局，成为山东最早的机器缫丝厂；1882 年烟台缫丝局改为中德合办，以华股为主，但因经营不善，后被收买成为德国企业，改用蒸汽机后效率大增①。该缫丝局对烟台当地乃至山东的手工织绸业产生了很大的冲击，这主要是因为先进的染色技术能生产出各种花纹的绫绸，所以价格也比本地所产的茧绸高得多。19 世纪末，外商投资的工业成为烟台近代工业的先导，由此也带动了烟台近代民族工业的快速发展。

（二）烟台近代民族实业的兴起与发展

外商的进入活跃了烟台的经济发展，但同时也加剧了他们对本土经济的掠夺与压制，因此，为与洋货争夺市场，爱国的民族工业开始发展起来。烟台建立了一批民族国货品牌的工业及工厂，涉及了酿酒业、纺织业、面粉业、电气业、制盐业、皂烛业、钟表制造业、罐头业、制笔业、五金、榨油业、制胶业等十几个行业，有些行业还采用了机器生产，有些行业或生产技术已在省内乃至国内居领先地位。例如，烟台的新兴工业洋烛业在山东省内几乎处于垄断地位，直到 1930 年初，山东省专门从事洋烛生产的工厂仅有烟台的宏源永洋烛厂、公盛洋烛厂和福利洋烛厂三家，其余为济南的部分肥皂厂兼制洋烛。宝时钟厂不但是"中国钟表第一家"，开创了中国钟表业的先河，而且培养了数以千计的钟表技术工人，为中国钟表业的发展作出了巨大贡献。冯玉祥曾盛赞烟台钟表："不论钟，不论表，大家都说外国物件好，到烟台，看钟表，装置既辉煌，机件又灵巧，谁说国货没有洋货好！"

据《山东各县乡土调查录》记载，"烟台有纺织工厂三十余家，胰皂工厂有四家，布工厂有五家，油坊有十二家"，如 1890 年的协成机器厂、1892 年的张裕葡萄酿酒公司、1911 年的烟台茂兰福面粉厂、

① 支军. 开埠后烟台城市空间演变研究［M］. 济南：齐鲁书社，2011：109 - 110.

1913 年的利丰罐头公司和生明电灯股份有限公司、1915 年的中蚨火柴公司和烟台宝时造钟公司（后改名为北极星）等（见表 3 – 13），这些工厂的建立把烟台城市近现代化更推进了一步。

表 3 – 13　　　　　　　　　民国时期烟台民族实业一览

行业	企业名称	成立时间（年）	资本（元）	经营性质	地址
酿酒业	张裕酿酒公司	1892		独资	东马路
	醴泉啤酒公司	1920	150000	商办	
	光华酿酒公司	—	—		三马路
面粉业	茂兰福面粉公司（后更名为"瑞丰面粉公司"）	1916	300000	商办	华丰后街
	芝罘面粉厂	1926	100000	商办	—
罐头业	利丰	1913	—	—	
	精美罐头厂	1914	—	—	南鸿街
	东亚罐头厂	1916	20000	商办	广仁路
	德丰	1921	10000	商办	南鸿街
	福兴公罐头制造厂	1921	100000	商办	南鸿街
	振东	1926	15000	商办	北大街
面碱业	同春合	1921	2100	独资	西南河路
	蚨顺成	1930	1900	合资	南大街
	天义东	1933	3000	合资	大关西街
制盐业	烟台通益精盐公司	1919	100000	商办	西沙旺大街
皂烛业	福利肥皂公司	1913	15000	商办	—
	源盛泰	1921	80000	独资	
	亚东肥皂工厂	—	—		
	吉丰皂厂	—	—		
	益记皂厂	—	—		
	福利洋烛公司	—	—		

续表

行业	企业名称	成立时间（年）	资本（元）	经营性质	地址
钟表业	钟表制造公司	1915	25000	商办	—
	烟台宝时造钟公司	1915	25000	商办	朝阳街
	烟台永康造钟公司	1927	25000	商办	—
火柴业	胶东中蚨火柴公司	1915	100000	商办	—
	昌兴火柴公司	1926	50000	商办	—
电气业	生明电灯股份有限公司	1913	600000	商办	—
	烟台电灯公司	1913	120000	商办	—
石粉业	福新石笔工厂	1915	10000	合资	西南山
	新利	—	—	—	西圩外
其他	复兴铁工厂（机械修理与制造）	—	—	—	—
	协成机器厂	1890	1500	—	—
	协成铁工厂（机械修理与制造）	1905	—	—	—
	中东工厂（各种铁钉）	—	—	—	—
	捷敏工厂（机器冰）	—	—	—	—
	新民工厂（布伞）	—	—	—	—
	开化工厂（洋纸）	—	—	—	—
	程明锁厂	1930	—	—	—

资料来源：郑千里. 烟台要览［M］. 烟台：胶东新报社，1923：230－249；支军. 开埠后烟台城市空间演变研究［M］. 济南：齐鲁书社，2011：111－115.

在烟台的近代民族实业中，"张裕酿酒公司"最具代表性。1892年，爱国华侨张弼士秉承"振兴国产之志"，在烟台创办了中国第一个具有先进设备的大型酿酒公司——张裕酿酒公司，也是当时远东最大的一个葡萄酒公司。张弼士通过高薪聘请国外的酿酒师、从美国引进葡萄苗栽培改良、酒窖建筑改良等，经过"屡蹶屡兴"的试验，先后酿造出14种葡萄酒（见表3－14），在1915年的巴拿马万国博览会上，张裕的产品获得四枚金质奖章，让中国葡萄酒蜚誉全球。而张裕酿酒公司的规模不断扩大，栽植的葡萄园达千余亩，常年雇佣工人数以千计，酒窖广百余丈，让外国人也惊叹"结构宏观"，并建有玻璃厂，自制装酒所用的玻璃瓶。

表 3-14　　　　　　　　　张裕葡萄酒公司产品一览

品种		每箱价格（元）
葡萄红酒	品丽珠	15
	夜光杯	11
	正甜红	11
	红玫瑰香	12
	醉诗仙	10
	玛璃红	10
	樱甜红	9
葡萄白酒	瑶琼液	19
	益寿浆	13
	白玫瑰香	13
	白兰地	25
	大宛香	11
	贵人香	10
	佐谈经	9

注：上列各酒每箱 12 瓶。
资料来源：郑千里. 烟台要览［M］. 烟台：胶东新报社，1923：232-233.

（三）烟台近代民族实业的曲折发展

20 世纪 20 年代末，由于外国资本的竞争、打击，世界经济危机导致国外市场缩小，加上资本、技术和人才等因素制约，民族实业无力与外国资本抗衡，致使烟台民族工业的发展出现波折，丝厂纷纷倒闭，酿酒等行业也大受影响。

其中，烟台传统的冶铁业和铁器加工业在开埠后也遭到冲击而自觉嬗变改组。开埠后，外国钢铁大量进入，洋铁成本比土铁低一半，工匠弃土铁用洋铁，土铁无销路，以致烟台的冶铁场坊先后停闭，烟台铁匠锻打牲畜蹄铁以及锻造农具、豆饼模子，所用原料几乎都是清一色的进口废铁。20 世纪 70 年代末，烟台港废旧铁进口已近 3 万担，到 1903 年进口量达 16.8 万担①，1906 年烟台洋铁进口已接近 24 万担②，此时土铁在烟台地区几乎已被洋铁完全挤出了市场。铁器加工业同样也受到洋货的冲击，如自洋剪刀进入烟台后，土剪刀几乎无人问津。但与传统棉纺织业不同，铁器加工业在遭受冲击之后因城市发展的新需求而得以存续。例如，烟台港开放后，因陆路运输的需要，锻铁业曾盛极一时，19 世纪 80 年代中期，铁匠最多时达 5000 余人，与此相适应也形成了新的工匠民俗。

四、金融业应运而生

进出口贸易的方兴未艾使金融产业也应运而生，开埠后烟台的金融业"新旧并蓄"，既有银行类的近代金融组织，也有中国传统的钱庄、银号等。郑千里在《烟台要览》中说，当时烟台的金融业主要是"收纳存款、贷出资财、经营汇兑"。1932 年前后，烟台境内共有银行、钱庄、银号、汇总庄等 181 户③。

（一）近代金融组织的兴起与发展

银行是近代西方国家主要的金融机构，1898～1948 年烟台先后有 22 家银行。其中包括国家和省级银行的分支机构 7 家，官商合办的银行 2 家，中外合办银行 1 家，外商独办银行 3 家，华商银行 6 家，日伪银行 1 家，伪商合办银行 2 家④。

① 烟台港史（古、近代部分）[M]. 北京：人民交通出版社，1988：89.
② 庄维民. 近代山东市场经济的变迁 [M]. 北京：中华书局，2000：40.
③ 谭鸿鑫. 老烟台影览 [M]. 1996：147.
④ 烟台市工商业联合会. 烟台市工商业联合会志 [M]. 北京：中国文史出版社，2012：108.

1. 外商银行

烟台开埠后，一大批外国银行开始在烟台设立分支机构，如华俄道胜银行（清俄合资）、彼得堡国际银行、麦加利银行、汇丰银行、正金银行、法兰西银行、横滨正金银行、正隆银行、山东银行等。然而，除了华俄道胜银行、汇丰银行等少数银行办理定期存款、发放有息贷款、开设往来账户等正常银行业务外，其他银行的业务代理处多是寄附在某个洋行内部，由洋行代理其银行业务。外商银行主要从事转账结算、国际汇兑以及存放款等业务（见表3-15）。例如，汇丰银行分中账房和洋账房两部分：中账房负责办理烟台本埠商户的存放、汇款业务；洋账房负责办理进出口贸易结汇。自开埠以来，外商银行凭借特权和不平等条约一直操纵着烟台的金融活动，如汇丰银行凭借不平等条约享有纸币发行权，强定非该行纸币，拒收他资，成为经济掠夺的一种方式。

表3-15 烟台主要外商银行

银行名称	国别	设立时间（年）	地址	总部	备注
汇丰银行	英	1921	滋大路	香港	1911~1929年，由太古洋行代理其在烟业务；1942年由日军接管停业
华俄道胜银行（俄亚银行）	俄	1908	滋大路	圣彼得堡	1908年前由士美洋行代理其在烟业务

资料来源：根据以下图书资料整理。谭鸿鑫. 老烟台影览［M］.1996：144-147；郑千里. 烟台要览［M］.烟台：胶东新报社，1923；烟台市工商业联合会. 烟台市工商业联合会志［M］.北京：中国文史出版社，2012：108.

2. 华资银行

除外商银行外，19世纪末中国本土的华资银行也开始在烟台设立分行，第一个在烟台创办分行的是中国通商银行。1898年中国通商银行在烟台创办分行，同时也是山东省最早设立的银行；1908年大清银行又在烟台创办支行，1912年12月随总行改称"中国银行烟台分行"；1911年交通银行在烟台设立分行；此外，还有芝罘商业银行等其他华资银行（见表3－16）。其中，因为中国银行不仅可以办理所有的银行业务，而且更加便捷高效，以及其客气礼貌的服务，所以受到了在烟台从事进出口业务的中国商人的喜爱，中国银行在烟台也拥有最现代化的营业大楼。

表 3 - 16　　　　　　　　　　烟台主要华资银行

银行名称	设立时间（年）	地址	业务	备注
中国通商银行烟台分行	1898	滋大路	—	1911 年撤销
中国银行烟台分行	1912	北大街	办理存款、放款及贴现业务；发行中国银行地名兑换券、代理国库经营国家公债、发行期票、代收税款；兑换货币、办理各国货币汇兑等，具有中央银行的特权	前身为"大清银行烟台支行"
交通银行烟台分行	1911	滋大路	收缴东海关关税、发行地方兑换券；授权办理铁路、邮政、电报和航运管理等业务；其他业务同中国银行	全称"中华民国邮传部交通银行"
芝罘商业银行	1913	—	存、放、汇款业务	1917 年 8 月停业清理
山东省银行烟台分行	1927	—	代理省县金库；办理存、放、汇及代总行经营信托业务	1929 年 3 月裁撤
山东民生银行烟台办事处	1933	—	常规银行业务；发行民生银行行票、省库券；代各地平市官钱局兑换钱币、角票、调剂地方金融	1937 年 11 月撤销

资料来源：根据以下图书资料整理。谭鸿鑫. 老烟台影览［M］.1996：146－147；郑千里. 烟台要览［M］. 烟台：胶东新报社，1923；烟台市工商业联合会. 烟台市工商业联合会志［M］. 北京：中国文史出版社，2012：108.

整体而言，到20世纪30年代，外资的汇丰银行和中国银行、交通银行是烟台最重要的近代金融机构，基本能满足烟台不断发展的贸易所要求的现代金融支持。

（二）传统银钱业的曲折发展

烟台传统的金融组织主要是钱庄、银号、汇兑庄等。在20世纪之前，进出口贸易促使烟台的银钱业发达。1862～1874年，烟台的谦益丰、顺泰等商号创办钱庄，谦益丰资本银100万两，顺泰资本银150万两，是烟台两个最大的钱庄，除经营存、放款业务外，从1876年开始发行钱票、银元票等，盛极一时，1909～1911两号倒闭。1915～1916年是烟台银钱业的鼎盛期，有大小钱庄、银号、汇兑庄120余家，除了近10家专作存、放、汇业务外，还买卖俄帖、日钞，日成交额经常达五六百万元，获利颇厚。但是在俄国十月革命发生后，因俄帖行市暴跌，日钞经营也几停几落，无利可图，多数钱庄陆续歇业。到1932年，还有银钱号56家①（见表3－17），而且规模都较小，以汇兑维持经营；1935年时，烟台仅存26家钱庄，资本总额约为42.7万元②。

表3－17　　　　　　　　　1932年烟台本埠钱庄　　　　　　单位：银元

钱庄名称	地址	组织	资本
瑞康	西大街	合资	10000
裕顺	二道街	合资	86000
致合顺	老菜市场	合资	19000
裕生祥	草市街	合资	3000
钜丰	西大街	独资	10000
公和盛	二道街	合资	3000
泰康	东兴隆街	合资	124000
天顺祥	北大街	合资	3000
源兴长	南大道	合资	4000
义和成	新关街	合资	18900

---

① 烟台市工商业联合会. 烟台市工商业联合会志［M］. 北京：中国文史出版社，2012：110.

② 支军. 开埠后烟台城市空间演变研究［M］. 济南：齐鲁书社，2011：121.

续表

钱庄名称	地址	组织	资本
福丰昌	二道街	合资	7000
福聚盛	北大街	合资	7000
德生增记	北门外	合资	3000
毓增昌	厘局街	合资	1000
德顺	面市街	合资	7000
增泰德	北大街	合资	18000
义泰	马号街	合资	5000
同来盛	朝阳街	独资	5000
新盛祥	北大街	合资	7100
永盛福	北大街	合资	5000
永裕	大街	合资	4300
同聚昌	大街	合资	3000
福昌	品子街	合资	20000
协丰裕	大街	合资	5000
永义祥	巡司街	合资	2000
隆顺	北大街	合资	8000
永聚东	北大街	合资	8000
义兴盛	桃花街	合资	3000
久大	二道兴隆街	合资	10000
仁昶德	石桥街	合资	10500
同成兴	吉卜力街	独资	8300
义成祥	北大街	合资	10000
公和利	会英街	独资	10000
志信	会英街	独资	10000
福庆东	大街	合资	3500
德盛永	北大街	合资	8300
裕华	巡司街	独资	10000
福兴仁	北大街	合资	14300

续表

钱庄名称	地址	组织	资本
蚨聚	会英街	合资	10000
成聚和	朝阳街	合资	6900
义顺	二道兴隆街	合资	5000
庆记	老电报局街	合资	8300
同祥公	会英街	独资	4100
天德益	会英街	合资	7600
人和	南鸿街	合资	4000
德盛仁	大街	合资	5000
和成	大街	合资	12000
福大成	北大街	独资	10000
天和兴	大海阳街	合资	10000
东顺	北大街	合资	15000
同泰利	桃花街	合资	15000
通聚东	大街	独资	20700
协裕	大街	合资	12000
恒聚栈	南鸿街	合资	10000
协泰	二道街	合资	10000
和祥	会英街	合资	5000

资料来源：芝罘区商业局史志办公室. 芝罘商业志 [M]. 1987：34 – 38.

烟台经济的近现代化加速和推动了烟台城市的近代化，而这些也成为烟台城市民俗发展变化的"舞台"。

第二节　烟台城市的近现代化

烟台城市的近现代化首先表现在城区范围的扩大和城市功能分区的形成，与此同时，人口不断向城市聚集又加速了城区的扩张，形成了以近代建筑与街道为核心的城市景观。在这些合力的作用下，烟台城市公共事业进一步发展。总体而言，烟台经济的近现代化加速了烟台城市的近现代化，而烟台城市的近现代化成为烟台城市民俗变迁的重要场域。

一、城区的扩大与功能分区的形成

清道光初期形成了以天后宫为中心的烟台商业街，民间称为"烟台街"，该街东至东河崖（今解放路），西至西南河东沿，"大庙"① 居中偏西，全长 1420 米，烟台开埠后将该街定名为"北大街"。开埠初期，烟台城市的发展以烟台山和天后宫两个区域为中心向周围扩张。开埠后，烟台借助口岸优势，外轮麇集，外国官员、商人和传教士蜂拥而至，在烟台山下建立使馆。从 1861 年开埠至 1932 年，先后有英、法、美、挪威、瑞典、德、荷兰等 16 个国家在烟台山及周围地带设立了 17 个（代理）领事馆，其密集度之高，创亚洲之最。此外，烟台还设关征税、开办商行、筑路建房、兴办学校、创设医院、建立教堂、开办旅馆和俱乐部等，开拓了以烟台山为中心、沿海岸一带向东的新城区，主要是领事馆和外国人聚居区，是以西方化、贵族化为特征的与烟台传统社区完全不同的异质社区。朝阳街商埠区也日益繁荣，成为清末以来烟台的城市核心。

（一）烟台城区的初步形成

中国人的聚居区位于天后宫周围。开埠前这里就是烟台的商品集散地，开埠后，烟台港的货物大都在此交易，这里遂成为贸易中心。除当地居民外，商人、港口装卸工人等外来人口也大都在此集中居住，人们争相购买地皮，所盖房屋万余间。开埠后的三五年间，烟台由一片荒凉变得繁华了，19 世纪 90 年代城区街市西通东伸，南连奇山所，构成了烟台城区的最初雏形。

---

① 烟台本地人将天后宫俗称"大庙"。

烟台城区第二次大发展是在烟台港东、西防波堤建设期间和建设后的 20 年间。烟台人工港池建成后，同时辟建了北马路、海滨街等 20 多条道路，奇山所城、北大街、朝阳街、大马路、西马路等各个分割区片迅速得以吻合连接，形成较为完整的城区道路网络。另外，烟台港东、西防波堤建成后，来烟台定居人口的增加速度变得更快，历年递增。据统计，1922 年为 83000 人，1929 年烟台市区人口已达 119305 人，1930 年为 13575 人，到 1931 年增加到 131659 人，平均每年增加 5000 人，1936 年增至 15.6 万余口人[①]。随着人口的增加，烟台的城市范围也相应扩大，以烟台山为中心，呈扇形向东、南、西三个方向展开。当时烟台的街道大小有上百条，最主要的街道包括横贯市中心、东西走向的北大街、西大道街；南侧平行的老广仁堂街、南鸿街；纵贯市区南北的安仁街、白善街、儒林街、桃花街、菜市街、面市街。1923 年郑千里的《烟台要览》载有"烟台街市全图"，其范围东起福山路，西至通伸村，南起上夼村北，北至烟台山，共标注街巷 380 余条，对烟台城建和道路发展情况作了详细记载。

（二）烟台城市的功能分区

1934 年春，山东省政府设立"烟台特别行政区"，设行政专员公署，烟台脱离福山县独立建置，其地域东起东山，西至通伸岗、西炮台山，北起烟台山，南至塔山，烟台特别行政区比原福山县烟台区少了原芝罘社的面积。1935 年特别行政区内成立 5 个自治区，区辖坊、坊辖间、间辖邻，构成行政区、坊、间管理制，共有街巷 408 条[②]，是新中国成立前烟台历史中经济、文化发展的繁荣时期。而到 1942 年前后，烟台第一次现代意义的测绘图"烟台市全街图"标明，烟台的范围北起烟台山，南至上夼村，东起东山，西至通伸村，共有 595 条街巷，形成了南北最宽七里、东西十六里的一座现代化城市。

---

① 数据来源：烟台市档案馆. 烟台档案史料丛书第三辑——烟台城市记忆（1861 - 1936）[M]. 2009：10；刘精一. 烟台概览[M]. 1937：2.

② 支军. 开埠后烟台城市空间演变研究[M]. 济南：齐鲁书社，2011：34.

随着烟台城市建设的发展，从商业发展来看，烟台城市空间分化和城市功能分区日益明显，最终在 20 世纪 30 年代形成了五个功能分区①。

一区洋商居多。该区以烟台山为中心，在烟台山下、东海岸、大马路、二马路、三马路一带，形成了一个"具有世界风味"的外国人居留区。该区除外国人居住的别墅和各种住宅外，还有法国邮局、日本领事馆、海关税务司邸、英国领事馆、美国领事馆、法国茔地、法国女校、外国公会、海关公会、天主教堂、日本邮局等。据统计，1936 年时，该区有住户 8161 户，商号 1210 户②。

二区是娱乐场。与商业发展和洋商的生活区相配套的各种消费行业、娱乐场所也集中在烟台山海滨一带，这里洋行饭店林立，酒吧烟馆麇集，一派近代都市的繁华景象。该区共有住户 5222 户，商号 1846 户。

三区为工业区。烟台城市的工业布局没有明显功能分区，大部分工厂和手工业作坊混杂于居民区和商业区中。从工业分布的总体情况看，以西南河为界，近代工业多集中在西太平湾以西，围绕港口，沿河东崖、新安街一线。酿酒、造钟等轻工业多分布在大马路、海滨路一带。矿丝坊大都集中在西盛街一带，电灯公司等工业、德丰等食品业多在南鸿街一带。因此，在近代烟台城市规划的构想中，常把西郊划为工业区，西沙旺至夹河口划为工业区用地。该区共有住户 9621 户，商号 2197 户。

四区为商业区。开埠后城市商业由原来以天后宫一带为中心的传统商业街区向处于外国领事馆聚集的烟台山一带转移，朝阳街成为多业聚集的高密度的综合性商业中心，打破了同业聚集的传统结构。北大街、天后宫一带的传统商业街仍很繁华。至此，烟台城市形成以朝阳街商埠区的近代商业中心和北大街、天后宫传统商业街区的新旧双中心商业结构。该区共有住户 100 户，商号 1200 户，其中有洋商 3 户。

五区住户商号各半。该区是中国人的传统居住区，具体指以奇山

---

① 五区的划分参考：刘精一. 烟台概览 [M]. 1937：2.
② 五区的人口数据参考：刘精一. 烟台概览 [M]. 1937：2 - 3.

所城为中心，将市区南部、西部及奇山所、西南河、大海阳、中海阳、通伸等村基本连在一起的旧城居住区。这里的建筑是胶东传统民居，多为四合院，也有二进、三进豪宅和二层绣楼，青石路面，房屋排列有序，街基尺度小。除居住外，这里也混杂了一些商号，奇山所城周围分布很多会馆（福建会馆、潮州会馆等）、商会、行帮、报社等。该区共有住户3318户，商号1245户，洋商13户。

二、城市人口与社会构成的变化

人口的城市化与城市的近代化是同步发展、互相促进的。一方面，人口城市化必然会加速城市规模的扩大、城市公共事业、基础设施与城市管理的发展；另一方面，在城市化进程中必然要吸纳农村人口，加速农村人口向城市的流动和聚集。烟台开埠后的城市近现代化也是如此，随着烟台近代工业、商业等行业的发展，对劳动力需求显著增加，吸引了大批劳动力开始流向烟台，他们开始脱离农业而以运输和工商业作为谋生手段。

烟台城市人口的调查统计，除了警察厅的人口外，在《海关十年报告》中也有人口统计数据。从1872年的2.7万人增长到1937年的15.6万人，烟台城市人口的发展过程呈现出明显起伏的态势（见表3–18）。

表3–18 　　　　　　　　1872～1937年烟台城市人口统计

年份	人口数（人）	年份	人口数（人）
1872	27000	1905	82000
1875	30000	1908	100000
1879	35000	1909	95000
1883	32000	1911	54459
1890	21000	1914	54500
1891	32500	1921	89326
1894	30000	1929	119305

续表

年份	人口数（人）	年份	人口数（人）
1895	35000	1930	130575
1900	40000	1931	131659
1901	57120	1932	135311
1903	70000	1933	139512
1904	75000	1937	156000

资料来源：转引自支军. 开埠后烟台城市空间演变研究［M］. 济南：齐鲁书社，2011：137.

但需要说明的是，开埠后由于人口的频繁流动，以及烟台城市的管辖范围及其归属的特殊性，形成了城市人口与农村人口之间的交叉、渗透，因此很难界定清楚城市人口与农村人口。而为了便于研究开埠后烟台城市人口的变化，本书所指的城市人口包括当时烟台奇山所旧城区、港口区、外人居留区在内的城区人口。

（一）烟台五区的人口分布与人口结构

1. 烟台五区的人口分布

烟台城市人口的分布不均衡，这与当时烟台城市的功能分区有关。如前所述，20 世纪 30 年代形成的五个分区由于功能各异，因此这五区的人口分布并不均衡。据 1937 年出版的《烟台概览》记载，五区的人口分布如表 3－19 所示。

表 3－19　　　　　　　1938 年前烟台五区人口分布情况

分区	户数（户）	商号		人口总数		侨眷			
		总数（户）	洋商（户）	男（人）	女（人）	户数（户）	人口（人）	男（人）	女（人）
一区	8161	1210	—	24007	17633	178	404	274	130
二区	5222	1846	1	11782	11581	—	—	—	—
三区	9621	2197	—	33266	16745	—	298	185	113

续表

分区	户数 （户）	商号		人口总数		侨眷			
		总数 （户）	洋商 （户）	男 （人）	女 （人）	户数 （户）	人口 （人）	男 （人）	女 （人）
四区	100	1200	3	11263	567	—	11	5	6
五区	3318	1245	13	8656	9102	—	49	—	—
合计	26422	7698	17	88974	55628	178	762		

资料来源：刘精一. 烟台概览［M］. 1937：2－3.

2. 人口结构

人口结构是依据不同标准而形成的人口构成状况，按照标准不同可以分为地域结构、年龄结构、性别结构、城乡结构、文化结构、行业结构等，而与本书研究主题相关的主要是性别结构与行业结构。

第一，烟台城市人口的性别结构。烟台开埠后，分别在 1921 年和 1933 年进行过人口统计，统计了确切的户口和性别。1921 年烟台警察厅统计的各区户口与男女人数如表 3－20 所示。

表 3－20　　　　　　1921 年烟台人口构成情况

区域	户数 （户）	男性总数 （人）	女性总数 （人）
警察第一区	2460	14158	11353
警察第二区	3278	12852	4995
警察第三区	4968	16359	6638
警察第四区	1117	7477	172
警察第五区	2840	11415	3907
合计	14663	62261	27065

资料来源：郑千里. 烟台要览［M］. 烟台：胶东新报社，1923：56.

表 3－20 统计数据清晰地表明，1921 年时烟台城市人口中男女比例严重失衡，男性人口总数为 62261，女性人口总数为 27065，男女性

别比（女 = 1）为 2. 30：1。而到了 1933 年，烟台城市人口中的性别比
则降低到 1. 97：1（见表 3 - 21）。

表 3 - 21　　　　　1933 年烟台特区公安局各分局人口及性别构成

区域	户数 （户）	男性 （人）	女性 （人）	总人口 （人）
第一分局	5485	18145	13470	31615
第二分局	6923	19762	11814	31576
第三分局	8812	28672	14357	43029
第四分局	1385	11845	634	12479
第五分局	3957	14109	6704	20813
合计	26562	92533	46979	139512

资料来源：转引自支军 . 开埠后烟台城市空间演变研究 [M]. 济南：齐鲁书社，2011：
144.

而根据表 3 - 21 可知，到 1938 年前，烟台城市人口的性别比再次
下降，降到了 1. 60：1，但是男女性别仍不平衡。

烟台城市人口男女比例失衡的原因有两个。一是人口的自然增长，
但是人口的自然增长不是导致性别失衡的主要原因；二是农村人口向
城市的流动与集聚，其根本原因是，开埠后烟台近代工商业的发展需
要大量劳动力，吸引了大量人口到烟台从事工业、商贸等相关行业，
所以男性人口占总人口的 80%，男女比例严重失衡。而到了清末民初，
由于烟台花边、发网业的快速发展需要大量女工，因此烟台的女性人
口大幅增长，约占总人口的 25%，甚至由此而导致了房租价格上涨。

第二，烟台城市人口的职业结构。随着烟台近代商贸业和工业的
发展，据统计，港口开放 10 年后，从事各行业的人员总数已经达 3 万
多人，其中外国人有 250 人。这 3 万多人中，从事港口活动的人员占
从业人数的 40%，主要是舢板工人和港口装卸工人。其他行业如商店、
油坊等占 29. 6%，客栈占 0. 8%，海关及衙门雇员占 1. 1%，洋行本地
雇员占 0. 7%，小摊贩占 16. 9%（见表 3 - 22）。从就业结构来看，增

长最快的是从事港内驳运舢板、装卸工与其他工人，这与烟台快速发展的港口贸易直接相关。此外，从事商店、油坊等行业人口占比29.6%，充分反映了那时烟台商业活动的繁荣。另外还有很多农村劳动力转换职业，进入城市服务行业，如在客栈、私人公寓、洋行等就业，这也带来了烟台城市人口结构的变化。总体而言，手工业劳动者、产业工人、苦力是当时烟台城市劳工阶层的三大主体。

表3-22　　　　　　　　1891年烟台人口职业结构统计

行业或职业	个数（个）	从业人数（人）	占总从业人数（%）
商店、油坊等	1660	9620	29.6
客栈	50	260	0.8
鸦片业	—	320	1.0
娼妓业		745	2.3
私人公寓	435	2175	6.7
海关及衙口雇员	—	350	1.1
洋行本地雇员		230	0.7
教育者	—	250	0.8
小摊贩		5500	16.9
港内驳运舢板	1200只	2400	7.4
装卸工与其他工人	—	10650	32.8
其他	—	1315	4.0
合计	2145	32500	100

资料来源：烟台港史（古、近代部分）[M].北京：人民交通出版社，1988：91；支军.开埠后烟台城市空间演变研究[M].济南：齐鲁书社，2011：147.

通过分析城市人口职业结构可以发现，那时烟台城市的职业结构与传统的农业社会相比，已经产生了质的变化，但是那时的烟台城市功能还比较单一，是较为典型的港口商埠城市。

而在20世纪，随着新式工业的兴起，由外商和本地资本投资的各类实业逐步增多，烟台的巢丝业、纺织业、印染业、烟草业、航运业、电气业、工具制造业、轻铁业、锁具业、钟表业、印刷造纸业，以及面粉、罐头等各轻工业不断发展，在烟台兴建了大量的缫丝厂、纺织厂、染坊、酿酒厂、罐头厂、电灯公司、造锁厂、钟表厂、肥皂厂等工厂，门类涉及化学工业、饮食工业、纺织工业、机械工业、公用电气业、窑业玻璃、木料加工等，经济结构多元化，这也带来了城市人口职业结构的调整与转变。1933 年，烟台的非农业人口（含学业人口）达 134572 人，非农业人口占总人口的到 97%（见表 3 – 23）。这表明，这一时期烟台城市人口职业结构逐渐趋于多元化、合理化。

表 3 – 23   1933 年烟台人口职业结构

职业类别	男性		女性		总人数（人）	总人口占比（%）
	男性人数（人）	占比（%）	女性人数（人）	占比（%）		
商业	42375	69	18945	31	61320	44
工业	32734	69	14731	31	47465	34
渔业	5012	59	3451	41	8463	6
农业	2220	46	2520	54	4840	3
学业	8625	55	6916	45	15541	11
其他	1467	78	416	22	1883	1
合计	92433	—	46979	—	139412	—

资料来源：支军. 开埠后烟台城市空间演变研究［M］. 济南：齐鲁书社，2011：149.

城市经济人口结构的多元化及合理程度，在一定程度上也反映了该城市总体发展程度，所以开埠后烟台城市人口结构的变化是衡量烟台城市发展程度的一个重要标准。

三、城市公共事业的发展

城市公共设施的建设和公共事业的发展也是城市近现代的重要特征之一。开埠前，烟台的城市公共事业几乎尚未发展，开埠之后，诸如交通、通信、教育、卫生等公共事业发展迅速，甚至在当时处于领先地位。

（一）交通业的发展

自古以来，交通与商业相互依存，交通是商业发展的首要基础。而烟台因三面环海，因而水路交通与陆路交通兼有。自烟台开埠后，随着对外贸易的逐步扩大，烟台的陆路和水路交通运输业发展迅速，新航线新公路的建设加快了烟台交通业的现代化，使轮船和汽车等成为重要的现代化交通工具，交通业的畅达助推了烟台的城市发展，并且也成为人们"生活革命"的一部分。

1. 烟台水路交通的发展

烟台的海岸线全长 1385.8 公里，岬湾曲折，港口众多，烟台港是其中的一处良港。烟台港在芝罘湾南岸，烟台山西麓，港口坐南面北，背依群山，港口西北方的芝罘岛与东北方的崆峒岛成锁钥之势环拱港湾，港口的地理位置优越，北距大连港 89 海里，东距威海港 47 海里，西距龙口港 89 海里。港域分内外两港，东、西两堤围拢水域为内港池，水域面积 127 万平方米；自芝罘岛东角与崆峒岛东南端划线，再由该岛东南端向南陆岸划线为外港池，水深域阔，主要用作船舶锚地。元代时，烟台港就是我国海运交通的停泊点，清朝初年，烟台港的帆船渐多，贸易繁盛，烟台开埠后，烟台港被"洋人"控制，利用港口航运进行帝国主义经济扩张。

开埠后烟台水路交通的发展与烟台港的港口建设密不可分。近代化的烟台港口建设始于 1913 年 5 月成立的"海坝工程会"，1915 年 8 月烟台港东西防波堤工程正式开工，1921 年东西防波堤全部竣工，烟台港第一个人工港池正式成型，港池年吞吐量可达 300 万吨。东西防波堤修筑后建成的人工港池，标志着烟台港从天然港向近代港口的转型。而烟台港的近代化转型，又推动了烟台海上运输业的发展和贸易的进一步扩大。

（1）轮船运输业的发展。

港口建设加快了烟台海上运输业的发展，开埠前，烟台海上运输以帆船为主，开埠后轮船的广泛使用逐步替代了帆船，最终形成了以轮船运输为主的格局。同时，开埠以来烟台开通了多条货运航线，19世纪80年代，以烟台为中心的商船海运航线主要有山东沿海航线、天津、辽东、江浙、闽广航线等，出入烟台港的船只既有山东沿海港口的，也有天津、牛庄、江苏、宁波等外省货船，但以山东本地货船最多。

然而在各个时期，烟台港的货运航线多有变化。以清光绪末宣统初为例，这一时期经营航运的轮船运输企业有中国轮船公司和各国洋行。但是中国的轮船公司只有轮船招商局、政记、顺义等几个轮船公司（见表3-24），其余几乎都是各国洋行（见表3-25）。

表3-24　　　　　　　　清末民初民营轮船公司统计

公司名称	创立时间（年）	航线	性质
轮船招商局烟台分局	1873	—	官办
顺义公司	1901	安东、天津、大连	合资
振飞公司	1903	大连、龙口	商办
小清河轮船公司	1904	济南、杨家沟、天津	商办
政记轮船公司	1905	天津、牛庄、大连、安东	合资
仁汉轮船公司	1905	营口、仁川	—
毛合兴	1906	秦皇岛、威海、龙口	独资
泰记轮船公司	1910	—	商办
靖安轮船公司	1910	—	商办
宁福轮船公司	1910	—	商办
北海公司	1910	—	商办

资料来源：烟台港史（古、近代部分）[M]. 北京：人民交通出版社，1988：198-199；支军. 开埠后烟台城市空间演变研究[M]. 济南：齐鲁书社，2011：127-128.

表 3 – 25　　　　　部分洋行经营烟台航运情况（1909 年）

商行或公司	航线	船只数（只）	吨位
捷成洋行（德）	上海、青岛、烟台、天津	2	4009
	浦盐、烟台、上海	3	3117
	烟台、羊角沟、镇江	3	2410（2 只）
	大东沟、大孤山、烟台	1	934
士美洋行（美）	浦盐、烟台	1	743
	大阪、浦盐、烟台	1	904
冈田洋行（日）	烟台、仁川	1	387.29
	烟台、大连	1	243.04
	烟台、威海卫	1	81.02
盎斯洋行（德）	烟台、仁川 烟台、浦盐 烟台、牛庄	1	396
大阪商船公司（日）	大阪—天津线：神户、青岛、烟台停靠	1	746
日本邮船公司	神户—北中国线：门司、长崎、大连、烟台、大沽、牛庄停靠	4	5886
怡和洋行（英）	上海—天津线：威海卫、烟台停靠	8	9176

资料来源：烟台港史（古、近代部分）［M］. 北京：人民交通出版社，1988：103.

1900 年前，烟台只有轮船招商局烟台分局单枪匹马地与众多外国洋行竞争，1900 年后，由于清政府推广新政与振兴实业的举措，烟台先后成立了一些民营的轮船公司，这也标志着烟台交通业的近代化。其中，1905 年由辽宁籍商人张本政、张本才创办的政记轮船公司是山东省规模最大的民营轮船公司，公司位于顺泰街。公司创办之初，他们筹资 4 万元购置了一艘轮船，到 1910 年，他们已有胜利、广利等客货轮 15 艘。

由表 3 - 25 可知，这一时期航运业基本被外国洋行掌控。其中，日本是烟台港口航运势力最大的国家之一，不仅投入的船只多，而且营运航线也多，其航运量仅次于英国。外商控制了烟台的航线运输，也便于并加剧了他们在工业原料、矿产资源、技术设备等方面的渗透和扩张，利用港口航运成为帝国主义国家对烟台进行经济扩张和侵略的一个重要体现。例如，日本控制了丝绸工业的蚕茧供应，英国控制了火柴工业的木材供应，德国控制了港口供水，还有不少外商则深入内地进行矿产开发等，最终则是进一步加剧了外商资本和势力在烟台的扩张与经济掠夺。

1910 年后，烟台又先后成立了更多的民营轮船公司，具体见表 3 - 26。

表 3 - 26　　　　　　　　烟台民营轮船公司统计

公司名称	成立时间（年）	航线	性质
新益轮船公司	1913	—	合资
交通轮船股份有限公司	1916	—	商办
鹿玉轩	1916	—	商办
海天轮	1916	—	商办
海宁轮	1921	—	商办
胶东轮船公司	1921	—	商办
陶子英	1921	—	商办
利通轮船股份有限公司	1922	大连、仁川、威海	商办
太乙轮船公司	1923	—	商办
惠海轮船公司	1926	—	—
惠通行	1931	大连、营口、天津、上海、泉州、广东等	—
靖安公司	1931	—	—
福兴行	1931	—	—

公司名称	成立时间（年）	航线	性质
利城行	1932	八角、金山港、双岛	—
北方行	1932	龙口、虎头崖	—
永源船行	—	—	—
怡隆船行	—	安东、上海、青岛、西口、龙口	—
川记轮船行	—	虎头崖、蓬莱、龙口、石虎嘴、海庙后	—

资料来源：转引自支军. 开埠后烟台城市空间演变研究［M］. 济南：齐鲁书社，2011：130－131.

中国的轮船公司和外商的洋行中，有一部分是兼顾海上运输与海上客运，因此，海上运输业的发展也加快了烟台海上客运业的现代化。

（2）客运业的发展。

1873 年东海关开办了海上客运，烟台港客运由此开始发展。由于烟台港是山东华工出口的重要口岸，在 1861～1897 年烟台是山东唯一的通商口岸，还是经水路去旅大的捷径，因此烟台港的客流量在山东沿海诸港中长期占据首位。在开办客运业务的当年（1873 年），烟台港的客流量只有 3000 多人，后来随着更多航线的开辟，烟台港的客流量到 1893 年已达到 13 万人。而在烟台港人工港池修建后，客流量更是猛增，于 1902 年达到 39.7 万人次，其后年客流量基本保持在 20 万～30 万人次的规模，烟台港人工港池建成后，客流量再次达到 40 万人次[①]。

烟台当时与中国其他地方相同，采用的是货轮带客的客货混载方式，在已经开辟的货运航线上都有客运业务，因而烟台港的客运航线分布非常广泛，人工港池建成后，烟台港的客运航线集中且较为稳定。国外航线有至日本、朝鲜及济（利）物浦、海参崴（符拉迪沃斯托克）的航线，其中以烟台—海参崴的客流量最大。国内则开辟了至安

---

① 烟台港史（古、近代部分）［M］. 北京：人民交通出版社，1988：156.

东、大连、牛庄、天津、龙口、威海卫、青岛、上海、广州、香港 10
条航线，其中烟台—大连的客流量最大，烟台—安东、烟台—天津次
之。此外，还开辟了烟台至登州、虎头崖、羊角沟、养马岛等几条短
途航线。

烟台的海上客运航线由烟台的招商局、政记公司、英商太古洋行、
日商邮船会社、俄高士美船行等中外航业经营，但是盈利较大的航线
基本都被各国洋行掌控。例如，烟台至神户、大连、安东、大沽等航
线都是由外国的航运公司经营，烟台至大连这条最繁忙的航线完全被
日本控制。

1920～1930 年，烟台港客运的发展已经具备较大且稳定的规模，
年客流量在 20 万～30 万人次，即使在客流量较低的 1926～1927 年，
平均月客流量也有 2.3 万人次。在此背景下，烟台水上客运对烟台商
埠及城市的发展至少在三个方面产生了重要影响。

一是客运规模的增长给烟台输入了大量廉价劳动力。不仅为烟台
港提供了港口装卸所需要的大量劳动力，而且众多劳动力在码头聚集，
也吸引了其他行业的雇主到码头挑选工人。

二是客流量的增长带动了烟台客栈业的发展。早期的客栈业务只
是客运业务中的一种副业，是在"经营旅客水路运输"的同时，"兼营
住宿业"。而随着客运量的增加，烟台的客栈业就逐渐发展起来，客栈
兼具住宿与旅游服务双重业务，如为不熟悉乘船的旅客做向导、代买
东西等。据记载，清末民初时期，烟台的客栈业达到鼎盛，有客栈近
百家，其中最大的能住约 500 人，最小的约住二三十人①。

三是加快推动了以港口为中心的烟台水陆联运网的发展。由于烟
台港客运量的激增，迫切需要改善港埠内外的陆路交通条件，以提高
港口的集疏能力。但当时烟台城区的街道狭窄，客运交通工具是人力
车；对外交通只有向东、向南、向西三大通道，而且没有铁路，因此
随着水上客运量的激增，烟台的公路铁路等陆上交通发展被提上了日
程，因而推动了烟台水陆联运网的发展。

---

① 烟台港史（古、近代部分）[M]. 北京：人民交通出版社，1988：165.

但还要注意的是，港口客运的发展也为外国殖民主义者掠夺廉价华工出口提供了机会。咸丰年间（1851～1861年），山东的人口总量达到3400多万，位居全国第二[①]；而在烟台开埠后，由于帝国主义经济入侵导致大量农民破产，山东便成为剩余劳动力最多的省份之一。另外，因为烟台开埠后港口贸易及工商业的发展需要大量劳动力，所以这些破产的闲散劳动力就流向了烟台。于是，许多外国商船就利用不平等条约中的特权在烟台港以"招工"的名义贩卖华工，从中谋利，沙俄、英国、日本等国是在烟台掠夺华工的主要国家，而烟台港则成为华工出口的重点港。例如，1904～1906年英国从烟台港运往南非的华工达到16544人；1896～1903年，沙俄共从烟台港贩卖华工125384人，年均15000人[②]。西方列强贩卖华工的罪恶行径，导致很多山东劳工惨死异乡。

2. 陆路交通的发展

陆路方面，烟台开埠后，随着掖县、黄县、潍县商人资本与烟台贸易往来的增强，沿烟台和潍县之间的烟潍商路迅速发展成一条主要贸易线。该线路囊括了整个胶东地区的运输范围，而且还将潍县与通往北京的大路相连接。19世纪后半叶，烟潍路成为山东地区最繁忙的商路之一。通过烟潍商路，烟台市场的影响力不仅达到登、莱、青地区，而且还扩大到河南、山西等黄河中游地区。1886年官府又拨款修筑了烟黄大道。烟台进口的货物不仅运销到黄县、潍县、掖县，而且运销到济南、周村等地。内地土货如周村黄丝、鲁西皮货、大汶口花生及草帽辫、豆货等经烟黄大道被运到烟台出口，这也使帝国主义的经济入侵进一步深入山东的内陆腹地，加剧了帝国主义经济势力在烟台的扩展。总体而言，开埠后先后修建了烟潍、烟青、烟荣、烟莱（阳）、烟威、烟夏等公路，形成了一些重要的公共交通线路，如烟台—潍县—济南、烟台—威海、青岛—烟台—海阳、烟台—夏村、烟

---

① 严中平，等. 中国近代经济史统计资料选辑［M］. 北京：中国社会科学出版社，2012：251－252.

② 烟台港史（古、近代部分）［M］. 北京：人民交通出版社，1988：153－154.

台—莱山等线路，烟台的客货运输发展较快，并成立了"烟潍区汽车路局"，组建了卡车运输公司，如振业、德美、明记、共和、裕通、福顺等13家汽车运输公司。烟台成为当时山东省的贸易中心，而且与国内外市场联系了起来。

整体来看，交通条件的改善使交通方便、价格便宜，不仅增加了物资流通，而且加快了人们的交往频率，扩大了人们的交往范围，因此开埠后外国官员、商人、传教士等才能蜂拥而至，内地劳动力大量向烟台聚居。人是文化变迁的媒介，人的流动是文化变迁的前提，所以交通条件的改善是烟台城市民俗文化变迁的先决条件之一。

（二）通信事业的发展

开埠后，与商业贸易发展同步，烟台的通信事业也迈入了近代化的进程，主要表现在电信邮政业的发展。烟台是中国最早开办邮政的五个地方之一，山东的邮局最先发轫于烟台，1878年烟台邮局成立，隶属海关管理，到1891年共有5个分部在烟台与山东内地及埠际之间从事邮政业务。1898年，清政府所属中华邮政总局在烟台成立分部。1885年，烟台与上海以及国外市场之间开始办理电报业务。1900年，在烟台与塘沽、崆峒岛、天津、上海、威海卫以及青岛等地之间铺设了海底电缆，同年，电信联营的分部在烟台成立。德国还在烟台设立了电话电报局和邮局。新型的通信工具在烟台得到了初步应用，尽管覆盖区域很有限，但也标志着烟台城市邮政史上划时代的变革。此外，这一时期烟台的通信事业有了很大的发展。1913年烟台邮政局升为头等邮局，1922年中国政府又增设了烟台至上海间的海底电缆。同时，电话通信设施也有了较大进步。市内电话1922年增至400部，至20世纪20年代末又增设了近200部，1926年还开通了烟台至潍县的长途电话。这都说明了民国前期烟台的交通条件较辛亥革命前改善了，与外部联系的设施也有了明显的进步。需要指出的是，烟台邮电业的发展最早始于清道光年间的民信局，至光绪年间民信局已增至10余家，业务日渐火旺。而后随着国办邮政的开办终于在1935年将民信局勒令裁撤。鸦片战争后列强侵华，1876～1903年日、德、法、俄、英五国先后在烟台擅自设立邮政机构，称为"客邮"，侵犯了中国的邮权，1922年底在烟"客邮"才全部撤销①。

清朝时在烟台开办的邮政业务已经很广泛，有办信函、明信片、新闻纸、印刷物、贸易契、货样、包裹、汇兑等，还可办理邮件挂号、保险、快递、回帖、存局候领和代卖货主收价等业务，并已开办国际邮件业务。到了民国时期，除继续办理原有邮政业务外，另新增加了办备商务传单、小包邮件、保价邮件、邮政储金、邮转电报、代订刊物、代购书籍、代售印花税票和尚行广告回信等业务，同时仍然开办国际邮政业务。

早在清朝，烟台已成为南北海防邮运枢纽局之一，海上邮线可达天津、秦皇岛、牛庄、大连、青岛、上海、广州、中国香港，以及日本、朝鲜，欧美也常有邮轮驶来烟台。陆路邮线有烟台到济南、天津、镇江三条邮路，烟台境内已形成以烟台为中心贯通各局、所的邮运网路。清末，烟台已开设昼夜兼程快差邮路，从烟台东可至荣成，南可达莱阳，西经登州、黄县、莱州、沙河可到潍县。民国十二年（1923年）又新开通了山东省第一条长途汽车邮路——烟台至潍县汽车邮路，此后汽车邮运逐步取代了邮差邮运，邮件运递日益迅速。另外，随着邮政局（所）的增设和邮政业务的发展，烟台的村镇投递开始兴办，初为邮差步递，1919 年邮递开始使用自行车。

此外，开埠后，烟台的电报和电话也获得了发展。1882 年烟台电报局成立，建成了至天津、济南、登州、黄县、威海等直达线路。1936 年前，烟台电话分市内电话、市外电话和省有长途电话，1936 年后只有市内电话。1934 年，交通部在全国推行邮电合作办法，因此1934 年时，烟台就在邮局安设电报电话，电报局内也可以邮寄信件。

伴随着烟台开埠，城市的交通运输和邮政电信业快速发展，不仅打破了国内各地之间的封闭状态，还打破了中国与外国之间的封闭状态，逐步形成了以烟台为核心，连接周围广大地区的交通运输和通信体系。这一运输通信体系的建立，不仅加剧了帝国主义势力的扩展和

---

① 烟台市邮电局史志办公室. 烟台邮电志［M］. 1990：3.

经济侵略，还进一步加快了烟台城市近代化的进程。

（三）公共卫生事业的发展

烟台近代公共卫生事业的发展源于教会的医疗活动，1862 年是教会医疗活动的发端。教会最初的医疗活动主要源于传教士本身的需要，如很多传教士到中国后水土不服，难以适应华北的气候，经常患病；加之各地流行病的猖獗，缺医少药，特别是在急性传染病流行时使许多传教士束手无策（1861 年传教士来华时期也正是"亚洲虎疫"肆虐时期）。另外，中国社会迫切需要现代的医疗设备和医学观念，开埠之前使用的传统中医有明显的局限性。19 世纪 50 年代以前，烟台没有医院，甚至没有一家正规药房，人们生病后只能求助于江湖郎中和自称有祖传秘方的土医生，虽然他们之中不乏医术高明者，但也有江湖骗子混在其中。此外，麻风、黑死病等顽疾对人类的健康造成了很大威胁。在多种因素的共同作用下，烟台的公共卫生事业开始起步。

1. 烟台现代医疗体系的兴起

19 世纪 60 年代初，山东新兴的医疗活动开始起步。烟台最早的教会医院是 1860 年法国人在烟台山前爱德街开办的烟台法国医院（今烟台山医院），为教会服务。1862 年美国差会派来了美籍医学博士寇帕尔和一名中籍医师，筹建毓璜顶医院，1914 年 10 月医院建成。医院南北两楼共 300 余间房屋，包括门诊、病房、大夫住宅，开设了内科、外科、妇科、小儿科、耳目鼻喉科、手术室、化验室、X 光科等，医学水平与西方接近。该院经费主要由美北长老会差会供给，医院的设备和医疗条件日益改善，医院的现代化程度比较高，是当时烟台唯一一家医疗设备完善的医院。医院有取暖设备、空气清新的房间、瓷缸热水浴、经常换洗的整洁的亚麻布床单、舒适的床铺、清洁可口的饮食，以及友好周到的护理。烟台还有一所由在中国工作了 20 年的外科医生窦伟德开办的中国内地会的医院，每年都有超过 20000 人来求医，施过了数以百计的手术。此外，传教士还设立了各种慈善性质的医院、诊所、麻风院以及孤儿所、养老院等慈善机构，收治了一批贫困且有疾无医之人，以及无依无靠的孤儿寡佬，让他们得以治病，这对于稳定社会有一定的作用。到 1936 年时，烟台的医院已经增至 40 多家（见表 3 –27）。

表 3 –27　　　　　　　　　正式医院及医师情况

医院名称	地址	医师	医师资格
毓璜顶医院	毓璜顶	（美）博尔思、刘筱芳	齐鲁大学
阎氏医院	广仁路	阎介圃	齐鲁大学
福民医院	大马路	刘福民	齐鲁大学
张大夫医院	会英路	张织成	齐鲁大学
毕重三诊疗所	临衢街	毕重三	协和医学院
笃生医院	富荣街	姜笃生	齐鲁大学
泰康医院	西马路	陈兴九	齐鲁大学
忠德医院	大马路	赵治平	青岛医专
伯坤医院	二马路	李文伯	安东满铁医院
袖东医院	广东街	孙袖东	辽宁医专
光临医院	大马路	史禄忱	辽宁医专

资料来源：烟台市档案馆. 烟台档案史料丛书第三辑——烟台城市记忆（1861～1936）[M]. 2009：137.

2. 烟台近代医疗教育的发展

与医疗事业相关，医学教育也在传教士们的努力下发展起来，1914 年毓璜顶医院开办了护士培训学校，1916 年第一届护校学生经 3 年培训圆满毕业，是烟台第一批懂西洋医学的医生，他们有的留在毓璜顶医院工作，有的另立门户开设医院。1918 年护士培训学校在中国护士联会立案，其理论水平和医疗水平都接近于美国优等医院的标准。1926 年该学校成为中华护理学会会员学校，为烟台培养了大批优秀护理人才。这家医院最重要的部门之一是护士培训学校，该校开办于1914 年 6 月，护校起初只收寡妇和成年男子，后来开始招收姑娘和男孩；1918 年，该校在中国护士协会注册。最初学校有男女学生 11 名，学习期为 8 年。护校的训练课程既有课堂教学，也有在监督指导下的病房、手术室、食堂及门诊部的实际训练，护理服务不分昼夜。从 1926 年护校第一个毕业班算起，已有 56 名学生领到了护校和中国护士协会颁发的文凭①。

烟台医学院校的发展、毕业生的增多，促进了烟台西医私人诊所的繁盛。20 世纪三四十年代，烟台西医开业的人数达到了最高峰，约 200 多人，他们来自国内各地，诊所有 15 家之多②，由于所修专业不同，其诊所开设科目也分门别类，如姜笃生办的"惠生医室"、毕重三办的"专门眼科"、张纪成和梁济民的"专门外科"、妇产科李鸿熙和李伯南办的"李大夫医院"、刘福民的"福民医院"、刘效良的"内科诊疗室"等。这些名医多出身于国内著名医学院校，有丰富的治疗经验。东牟医院、东迎医院、泰西医院等都是当时著名的医院，私人诊所的兴盛进一步促进了烟台近现代医药卫生事业的发展。

随着西医传入烟台，西药与之同步发展。开埠后，烟台的一些洋行开始经营药品，如德商的"盎斯洋行"，日商的"大连洋行""岩成洋行"，英商的"卜内门洋行"等。随着西药日益进入烟台，专门经营西医的药房也开始出现。在光绪十八年（1892 年）烟台建成了第一个由中国人开办的西药房——山东大药房，初期规模较小，只经营几十种常用西药，如阿司匹林、消发炎丁、亚治普隆、波浪多患、狮牌六零六、九一四、老笃眼药、若素、仁丹等进口药，以及几种国产小成药二百二、救急水等。1910 年前后开始经营常用的小型医疗器械和卫生材料，如手术刀、剪、钳、镊、额带反光镜、体温表、针管、针头、药物天平以及药棉、纱布、绷带、胶布等，多系进口货。1927 年以后，烟台专营西药房有 8 家③，另有几家药房以经营中药为主，兼营或自产自销西药，这些西药房基本是为洋人服务。

---

① 邓云. 来华传教士与近代烟台社会变迁 [D]. 武汉：华中师范大学，2005：28 – 29.
② 烟台卫生志编委会. 烟台卫生志（612 – 1985）[M]. 1987：187.
③ 烟台卫生志编委会. 烟台卫生志（612 – 1985）[M]. 1987：312.

（四）烟台现代教育业的发展

烟台开埠以前没有正式的学校，只有私塾，开埠后随着西方传教士的接踵而来才开始了烟台现代教育。近代烟台中小学的兴办大多与教会密切相关，成为烟台近代教育的先导，其中以美国基督教北长老会对烟台近代学校的发展影响最大。美国基督教长老会传教士郭显德于1866年12月首先创办了"文先小学"和"会英小学"，1894年将两校合并扩充成立了会文学校。为了适应教会及洋行的发展需要，1871年教会委派牧师韦丰年联合烟台绅商创办了"英语馆"，后更名为"实益学馆"，以教授英语、商业为主。1920年差会决定将会文学校和实益学校合并创建"益文学校"，由美籍学士毕维廉为校长，平均每学期招收学生400人，后改名为"益文商业专科学校"，这是烟台地区第一个高等专科学校，在全国具有一定的声誉。其课程内容致力于提高英文科和商科的教学水平，开设了许多课程，有商法、会计、簿计、审计、统计、银行学、保险学、进出口贸易、英文商业尺牍、商业管理、英文打字和速记等，学习标准要求达到清华大学经济系水平。教师授课一律用英文版本，师生间对话以英语为主。

1898年差会委派美籍牧师梅理士之妻梅耐德在登州成立的启喑学馆迁至烟台，开启了我国聋哑教育的先河。1911年郭显德继配夫人苏紫兰在毓璜顶创办了烟台第一个幼稚园，每学期收学生六七十名，并于1919年增设了师范训练班，培训幼儿园师资。1923年长老会委令教徒王静安接收学校，改名为信义学校并附设幼稚园；同年，长老会派长老于志圣在毓璜顶北坡创办"真光女子小学"。美北长老会在烟台前后办学十余处，从幼儿园到益文商专，建立了一套比较完整的教育体系。

民国前期，烟台的学校教育取得重大进步，1924年时烟台的教育机关有三类。其中，烟台的公立学校有水产学校、蚕丝学校和海军学校，还有私立学校和教会学校35所，私立学校侧重于小学教育，教会学校在民国前期主要致力于中学教育。此外，还有平民教育地点 29 处①。到了 20 世纪 30 年代末，几乎在烟台城区的每个地区都有专门为女童和男童开设的初等学校。据统计，1936 年烟台特区共有中学 10 所（见表 3-28），在校学生 1610 名，已毕业学生 7583 名；有短期小学校 19 所，另有学校附小学 2 所，时有学生千余名，学校均为 1936 年创办，另外还有幼儿园 6 处（见表 3-29），毕业学生 300 余名。在社会教育方面，1936 年时有劳工教育班 20 余处，时有男女学生 1630 余名；有平民学校 10 余处，男女学生达 1000 名以上，以及由私塾改设的简易小学 20 处，共有学生 1200 余人②。

表 3-28　　　　　　　　　　　早期烟台主要中学一览

校名	地址	成立时间（年）	校长	所设班级
益文高级商业职业学校	毓璜顶	1897	汪祥庆	商专、高中、初中
烟台中学校	毓璜顶	1902	周箕友	高中、初中
志孚中学校	威海卫路	1931	庄子毅	初中
崇正中学校	海岸路	1914	黄烈卿	初中
真光女子中学	三马路	1908	时香雪	初中
育才初级商业职业学校	海岸路	1914	王震东	—
光临助产学校	大马路	1934	史再临	—
卫灵女子中学校	大马路	1906	欧瑞德	初中

资料来源：烟台市档案馆. 烟台档案史料丛书第三辑——烟台城市记忆（1861～1936）[M]. 2009：126.

---

①　中国人民政治协商会议烟台市芝罘区委员会文史资料委员会. 芝罘文史资料第九辑——教育专辑 [M]. 1997：415.

②　烟台市档案馆. 烟台档案史料丛书第三辑——烟台城市记忆（1861～1936）[M]. 2009：93-94.

表 3 – 29　　　　　　　　　　早期烟台幼稚园一览

校名	地址	成立时间（年）	校长	经费来源	学费
女青幼稚园	三马路	1925	王秀卿	女青年会	每期 7 元
建国幼稚园	广仁路	—	林秋圃	校董会	—
西山幼稚园	毓璜顶	1913	梅甦善	学费	每期 5 元
彭城幼稚园	所南门外	1934	刘渔舫	校董会	每期 4 元
崇德幼稚园	海岸路	1933	沈珍奇	天主堂	每期 10 元
卫云幼稚园	大马路	—	欧瑞德	学费	每期 7 元

资料来源：烟台市档案馆. 烟台档案史料丛书第三辑——烟台城市记忆（1861～1936）[M]. 2009：127.

　　一系列学校的开办，将西方的先进教育方式引入烟台，打破了封建私塾教育传统的教学方法，对中国教育制度的变革具有借鉴意义，对启发民智发挥了积极作用。

　　除以上公共事业外，烟台的慈善事业也获得了发展，中国人与外国人先后设立了许多慈善团体，如启暗学校、广仁堂、红十字会、贫民工厂、恤养院等。此外，1913 年还成立了烟台警察厅消防队，负责烟台商埠救火消防事务。1925 年英国人在芝罘屯边办起自来水厂，虽然在三个月后因水质变劣而停办，但是开启了烟台市民用水的新方式。

四、近代城市景观

　　开埠后，随着烟台商埠的发展，烟台的城市建设不断向前推进，一些驻扎在外地的地方军政机关相继迁入烟台，先后设立各种管理机构，建造大批衙署、仓廪、兵营及娱乐场所，烟台很快成为胶东政治、军事、经济、文化活动中心，由此形成了烟台的城市景观，这些城市景观也折射出烟台的城市意象，成为烟台的城市符号。

　　凯文·林奇（2017）认为，城市结构中的道路、边界、区域、节点和标志物是构成城市意象的五种核心要素，这五种要素可以代表烟台开埠后形成的近代城市景观。具体而言，包括开埠后因烟台城市发展形成的街道，以及外国人在烟台兴建的洋行、领事馆、教堂、学校、饭店等，它们不仅成为展现烟台城市发展的意象符号，也改变了烟台的城市格局。下面将着重分析最有代表性的街道景观与建筑景观。

（一）新型的街道景观

近代化的新型街道是烟台城市近现代化的重要标志，围绕街道形成的街区是烟台城市文化的积淀与载体，也是烟台城市内部空间的具象特征。

1. 开埠前的街道景观

烟台最早的街道以奇山所城里大街为中心街，向东西南北四个方向呈层次性、序列化拓展，在东边形成了东关南街、东关中街、东门里南巷等街道；西边形成了西关中街、西门里北巷、西南关街、西南关中街、西南关南街等街道；南边形成了南门里街、南门外东街、南门外西街、南门里东巷、南门里西巷等街道；北边形成了北门里街、北门里东巷、北门里西巷、北河街（原址为奇山所城的护城河）等街道。总体而言，这些街道基本是青石路面，且路面较窄。其中，北大街是烟台最早的商业街，当地人俗称"大街""烟台街"[①]，大街背靠大庙，各种商铺林立，当地的民谣唱道，"烟台街，东西长，中间有家瑞蚨祥。左边裁云锦，右边织衣裳，云汉天章正当央"，因此该街也成为当时烟台的标志。

2. 开埠后的街道景观

开埠后，随着城市的近代化发展，烟台街道也以烟台山为中心形成了朝阳街、海岸路、大马路等新型街道。截至 1919 年，"市区面积 200 万坪[②]，街道大小百余条"[③]，街道有横贯市中心东西走向和南北走向；其中，横贯市中心东西走向的北大街、西大街，南侧平行的老广

---

① 实质上，烟台街是当时的"北大街"及其周边"集市街巷"的总称。
② 一坪相当于 6 平方尺。
③ 支军. 开埠后烟台城市空间演变研究［M］. 济南：齐鲁书社，2011：53.

仁堂街、南鸿街，纵贯市区南北的儒林街、桃花街、菜市街、面市街等是烟台的主要街道。这不仅形成了烟台城市空间的区隔，也标志着烟台城市发展的近代化，因此这些街道便成为烟台城市意象的标志物。

烟台这些街巷的形成与政治、经济和文化密切相关，反映了那时的民风民俗和地域文化，街道的发展也是烟台城市发展的历史叙事，因此也成为烟台的地标。烟台的地方文化学者谭鸿鑫根据烟台老街道的形成原因，将烟台的老街道分为以下类型，具体见表 3 - 30。

表 3 - 30　　　　　　　　　　烟台老街巷

街巷类型	街道名称（部分）	备注
商业区、集市形成的街巷	鱼市街、鸡鸭市街、老果木市街、粉干市街、草市街、西瓜市街、地瓜市街、杆子市街、小商业街、老古董街、马号街、南菜市街等	部分街道后改名或合并
方位命名的街巷	东海崖、东马路（大马路）、东升街、南大道、南马路、南鸿街、西大街、西马路、西盛街、北马路、北海崖、烟台山东路、烟台山西路、毓璜顶东路、毓璜顶北路、大关前街、大关后街、会馆东胡同、会馆西胡同、会东街、会西街等	98 条
由开埠形成的街巷	东领事路、西领事路、中领事路、海关街、滋大路等	
山、海、河命名的街巷	东山路、南山路、东山里、寿山里、山塔路；海岸路、海岸街、海岸巷、海滨里、海东街、海坝巷、望海路、后海崖街、北海里；河东崖街、河西崖街、西南河东河崖、顺河街、西南河街、河南崖街、西河东崖街、大海阳河东崖、大海阳河西崖等	以"山"命名 15 条；以"海"命名近 20 条；以"河"命名近 20 条
姓氏、人名命名的街巷	张家头条胡同、张家二条胡同、张家三条胡同、刘家胡同、王家头条胡同、王家二条胡同、王家三条胡同、马礼逊路等	32 条
数码排名的街巷	一善街、一面子街、二马路、二道街、二道兴隆街、二道天津胡同、三马路、三多街、三道街、三仙胡同、三明街、三道兴隆街、四马路、四德街、四德里、四合里、五马路、五福胡同、六马路、九如里、十字街、百忍里、百业市场等	30 多条

续表

街巷类型	街道名称（部分）	备注
单位名称命名的街巷	福建会馆东、西街，披平街、公会路、会东街、会西街、益文路、振华前街、振华胡同、振华后街、厘局子街、道恕街、大关街、大关前街、大关东胡同、大关西胡同、洋关街、海关街、海防营大街等	
商号命名的街巷	裕兴里、庆生胡同、成生巷、锦华街、华丰街、染坊街、利丰街、张裕路、捷敏街、瓷场街、德增巷等	35 条
时代用词命名的街巷	共和里、和平巷、民主街、维新里、群乐里、解放路等	
吉祥字命名的街巷	德寿里、德安里、德仁里、德庆里、德余里、德源街、德增胡同；福来里、福乐里、福寿巷、福康巷、福泰街；新开街、新华街、新春街、新海里；太平街、太平胡同；永安里、兴隆街、吉祥巷、如意巷、忠义街、平安巷等	共 340 多条，其中包括"德"字命名 33 条；"福"字命名 20 多条；"新"字命名 31 条；"太平"字命名 8 条等
祠、庙命名的街巷	张家祠堂、刘家祠堂、姜家祠堂*、刘公祠街、大庙东街、大庙西街等	
地方名命名的街巷	芝罘屯、芝罘里、福山里、福山路、广饶巷、天津胡同、仓浦街、广东街等	
"春""秋"季节命名的街巷	春临巷、春德胡同、春华胡同、同春巷、新春巷、长春巷；秋禾胡同、秋风胡同、秋霜胡同等	
植物名命名的街巷	木林庄街、桃花街、森林路、丹桂街、西梨沟、东梨沟、竹子沟、葡萄山路、味根路等	
交通工具命名的街巷	轿子街、大轿子街、小轿子街、洋车街等	
桥梁、水井命名的街巷	板桥街、木桥街、罗锅桥街、四眼桥街、大井街等	
街形命名的街巷	耳道街、四道湾街、耳朵眼等	
"庸俗"词命名的街巷	勺子胡同、喇叭胡同、骒骝胡同、公鸡里、塘子街、光棍街子等	

注：*老烟台人称呼以祠堂命名的街巷时，习惯省去尾部的"街""巷"等字。
资料来源：烟台地方史志办公室. 老烟台街巷［M］. 1999：19 – 38.

需要说明的是，表 3 - 30 中的街道分类中有交叉现象，如海关街既是由开埠形成的街道，也属于用单位名称命名的街道。此外，上述的街道名称多数已有变化，有一部分街道已经被注销或并入其他街道。据烟台市地方史志办公室编写的《老烟台街巷》统计，1949 年老烟台境内（北起烟台山，南至塔山，东起东山，西到西炮台山）有名称的街巷共 634 条。其中，路 47 条，道 3 条，街 238 条，巷（街）108 条，里 89 条，胡同 129 条，其他（窑、崖、沟、场、庄、村、茔、眼、台子、口子）20 条。这些街巷变迁见证了烟台的历史变迁，承载着烟台人的集体记忆，是烟台最具代表性的景观符号之一。

（二）烟台的近代建筑景观

雨果在《巴黎圣母院》中说，最伟大的建筑大半是社会的产物而不是个人的产物……它们是民族的宝藏，世纪的积累。对城市而言，建筑更是城市凝固的符号，表征且见证着城市的发展历程，因而建筑是城市核心的景观。

烟台开埠后，涌现出了一批以西方领事馆、侨民住宅、洋行、邮局、医院、教堂、学校等为主的近代建筑，这些近代建筑绚丽多彩，既有西洋风格的，也有中西合璧式的，分布相对集中，而且数量庞大。非常难得的是，多数建筑还保存得较好。这些近代建筑不仅是烟台城市近现代化进程和社会生活变迁的叙事，还成为烟台近代对外开放走向世界的重要建筑历史文化遗产，直到现在仍是烟台重要的城市景观。整体而言，烟台的近代建筑有以下 2 个特点。

1. 集中分布

随着烟台开埠，外国政府官员、商人、传教士等大量进驻烟台，他们通过购买土地和"永租"土地，在开埠后的 60 多年里，先后在烟台建造了领事馆、教堂、学校、医院、洋行等大量洋式建筑。这些近代建筑的分布相对集中，形成了领事馆区、洋行区等分布区域。具体的布局格局是：第一，外国领事馆多建在烟台山上及附近的朝阳街，如英国、美国、日本、德国、俄国等在烟台势力较强的国家的领事馆多设在烟台山，烟台山几乎全部为领事馆区，烟台山因此被称为"领事山"；第二，外国洋行多设在海岸街、滋大路、朝阳街、大马路等处；第三，学校、医院设在毓璜顶及海岸路附近；第四，外国侨民的住宅别墅大多建于大马路、二马路东端及东山一带；第五，教堂的分布区域较为广泛，散布于烟台山、东山、西山、大马路、毓璜顶等处；第六，外国的邮电建筑建多在海岸路，国际商会组织——芝罘俱乐部则在烟台山下。

2. 建筑风格"西化"

烟台的近代建筑可分为两种类型，而且这两种类型的建筑风格都趋于"西化"：第一，西洋风格。这种风格的建筑照搬外国的建筑形式，主要为西方古典式、折中式和殖民地式。第二，中西合璧式。这种类型的建筑风格以西式为主，部分地采用当地的建造形式、技术和材料，这也是西方建筑本地化的一种表现，在中西方文化的合力下，使建筑形式、建造技术、构筑方式及对建筑材料的使用方法趋于中国化。此外，由于烟台本土的商人、官僚纷纷仿造西洋建筑，所以也兴建了一批具有西洋风格的中国民宅，甚至一些建筑营造厂也以建造洋式建筑为主。具体而言，从建筑的功用上，可将烟台的近代建筑分为以下类型（见表3-31），举例如图3-1~图3-7所示。

表3-31　　　　　　　　　　烟台部分近代建筑一览

类型	代表性建筑	建成时间（年）	地址
宗教建筑	天主教堂	1884	烟台山东路
	美国长老会教堂	1903	毓璜顶东路
	英国安立甘教堂	1895	东太平街北端
	烟台天主堂养病院	1904	大马路中端
外国领事馆	英国领事馆	1867	烟台山东坡
	俄国领事馆	1904	大马路东端
	日本领事馆	1876	烟台山西路
	美国领事馆	1896	烟台山
	德国领事馆	1890	烟台山北部
	挪威领事馆	1904	烟台山下

续表

类型	代表性建筑	建成时间（年）	地址
洋行、银行等办公建筑	汇丰银行	1921	滋大路
	交通银行	1910	烟台山西路
	中国银行	1912	北大街
	岩城洋行	1902	朝阳街
	盎斯洋行	1886	朝阳街
	士美洋行	1931	滋大路
	茂记洋行	1934	海岸路
	卜内门公司	1912	海岸路
娱乐类建筑	芝罘俱乐部	1865	烟台山下
	丹桂戏院	—	丹桂街
	金城电影院	1935	朝阳街与北马路交汇处
	旅馆：阿斯特旅馆	1911	海岸路
学校建筑	益文商业专科学校	1866	毓璜顶东坡
	崇正中学	1913	爱德街（后迁至东升街）
	蚕丝专科学校	1904	南山路
	启喑学堂	1919	—
政府机构、社会团体类建筑	胶东道尹公署	—	平安街
	广仁堂	1891	—
	中国红字会烟台会馆	1928	—
	东海关税务司公署	1863	海关街
	山东商会会馆	1931	滋大路
邮电建筑	烟台邮电局（中）	1925	—
	烟台电报局（英）	1906	海岸路
民族工商业建筑	张裕葡萄酿酒公司	1895	
	德顺兴造钟公司	1934	朝阳街与朝阳胡同交汇处
	瑞丰公司	1921	华丰后街
	生明电灯公司	1914	华丰街
	新世界商场	1930	—
	瑞蚨祥绸布店	1895	

续表

类型	代表性建筑	建成时间（年）	地址
居住建筑	希腊银行经理住宅	—	东山海岸
	英国汇丰银行经理住宅	—	—
	中国银行烟台分行经理住宅	—	—
	东海关外国职员宿舍	1904	烟台山
	綦绍武故居	1920	大马路

资料来源：根据《图说烟台老洋房》《老烟台春秋》《老烟台影览》整理。曲德顺，胡沂树，胡树志. 图说烟台老洋房［M］. 北京：中国文史出版社，2020；谭鸿鑫. 老烟台春秋［M］. 2002；谭鸿鑫. 老烟台影览［M］. 1996.

图3－1 岩城洋行（摄影：李凡）

图 3-2　卜内门公司（摄影：李凡）

图 3-3　英国领事馆旧址（摄影：李凡）

图3-4 美国领事馆旧址（摄影：李凡）

图3-5 汇丰银行旧址（摄影：李凡）

图 3 – 6　张裕酿酒公司旧址（摄影：李凡）

图 3 – 7　生明电灯股份有限公司旧址（摄影：李凡）

在烟台的近代建筑中，建筑样式多元化，有仿西洋的古典式，有简洁明快的近代式，但更多的是中式建筑格局、西式建造技术的中西合璧式，既有西洋建筑文化特点，又体现出本地传统建筑构筑风格。时至今日，这些建筑有的已在现代城市建设中被拆毁，有的得到了妥善保护与合理开发，并沿用至今（见图 3－1～图 3－7）①，成为烟台的文脉，具有重要的文化传承功能。美国城市品牌专家凯文·莱恩·凯勒（2009）认为，要想在未来的城市商业化竞争中取胜，一个城市首先必须提炼出与众不同的核心价值，必须给予人们一种独特体验，否则城市之间将缺乏本质上的差异性，失去吸引力，流于平凡。烟台的近代建筑正是建立烟台城市文化品牌的核心符号之一，通过创造性转化，可以激发其生命力，这也将赋予烟台以永续发展的动力。

第三节　城市文化的近现代化

生产力的发展带来了劳动生产率的提高，为人类带来了非生产的闲暇时间，其必然结果是空闲时间的增加和娱乐文明的出现，人们便开始利用闲暇进行各种文化创造、传播和交流活动，这在城市发展中尤为明显。物质文明的进步推动了城市的发展，城市的发展将形成公共的文化休闲空间，发展出更多的文化休闲活动，因此休闲游憩逐渐成为城市的基本功能之一。1933 年的《雅典宪章》中明确指出，游憩是城市的四大功能之一。

烟台开埠后，烟台经济和城市发展的近代化推动了烟台城市文化的近代化，使人们的生活休闲文化更加丰富与便捷，休闲游憩也成为烟台这座城市的基本功能之一。同时，文化休闲活动也标志着烟台城市发展水平的高低，是衡量烟台城市文明的一个尺度。

---

① 2006 年 5 月，以烟台山上下保存完好的领事馆群为代表的"烟台山近代建筑群"被国务院公布为全国重点文物保护单位，共 47 组、31177 平方米，有古典式、中西合璧式、英国早期公寓式等风格，见证了烟台的近代化发展历程。

一、近现代休闲文化的繁荣

有学者认为，中国传统文化是内敛型文化，与这种文化模式相适应，中国人的休闲活动大多采用自娱自乐、寄情山水、静观内省、修心养性等方式，受此影响，形成了相应的休闲空间。烟台市民的休闲活动也符合这一特点，随着烟台经济的发展、城市对外开放程度的加强，以及洋人大量进入烟台，除了沿袭传统的休闲娱乐活动外，电影、俱乐部等更多新的休闲文化和活动为人们所采用，图书馆的兴建、现代报业的兴起、西方的油画和水彩画等美术新样式的进入和繁荣等都促进和加速了烟台群众文化的繁荣，从而在烟台城市中形成了公共中心、戏院、商场等近现代的休闲文化空间与活动，使烟台市民的休闲文化呈现出多元化的色彩。

二、群众性文化活动的兴起

开埠后，还成立了一些群众性的文化组织，尤其以国民党军阀韩复榘主鲁期间于 1932 年倡导成立进德会最具代表性。1933 年 9 月进德会烟台分会在广惠街（现市府街西侧路南）成立，俗称烟台进德会。进德会的宗旨是"提倡正当娱乐、增进高尚志趣"，进德会下设文化组、体育组和合作社等机构，其学习活动内容和设置大致是：文化组下设德育讲演、汉文研究社、日语研究社、国货陈列室、广播收音机、图书馆；体育组下设国术、钢球、篮球、足球、高尔夫球、台球等；游艺组下设国剧研究社、新剧、国剧、电影、棋类、收音机、音乐；合作社下设平民食堂、消费合作社。进德会是 20 世纪 30 年代烟台民众的综合娱乐场所，非常受民众欢迎，不到一年，会员发展到 2000 余人，是当时的一个综合性娱乐场所。由于进德会在白天和夜晚都举办各种娱乐活动，一张"通票"只需 1～2 角，因此每天接待人数达 3000 余人次①。但随

---

① 谭鸿鑫．老烟台春秋［M］．2002：238．

着 1938 年日军入侵烟台，烟台进德会随即告终。

除进德会外，当时烟台还设立了一些民众教育机构，一般称之为"民众教育馆"，如设在烟台海防营内的"烟台民众教育馆"是山东省第五民众教育辅导区办事处，该辅导区办事处以办民众教育为宗旨，并附设实验民众图书馆、民众学校等。这些都为当地民众生活注入了新的元素，形成了新的城市民俗。

三、公共文化事业

（一）图书馆

与此同时，烟台的公共文化生活也日趋丰富，1930 年烟台基督教青年会创办了烟台最早的公共图书馆——青年会图书馆，开幕仪式十分隆重，孔祥熙、宋子文、孙科等都题词祝贺。青年图书馆的阅览室、藏书室均设在楼上，书刊来源有两个：一是自己订购，二是社会捐赠。馆藏图书达数万册，如《万有文库》《四部丛书》《四部备要》《二十四史》等，还藏有辞典等工具书，并购存"五四"以后的文艺书籍及翻译书籍多种，还订购了《小说月报》《东方杂志》等期刊。图书馆面向社会开放，前来借阅的读者，除青年会会员外，亦有洋行、商号职员、教师、学生和平民百姓，每日接待读者 30 ~ 50 名[①]，丰富了百姓的文化生活。1945 年，烟台基督教青年会领导人离开烟台，青年图书馆随之关闭。此外，烟台崇正中学的图书馆规模也较大。

（二）博物馆与画院

开埠之后，传教士郭显德在烟台建立了山东省第一个博物院，展出动物、植物、矿物标本，因为新奇，所以是烟台非常具有吸引力的地方，观众每年达 8 万~10 万人次。

---

① 烟台文化志编纂委员会. 烟台文化志［M］. 北京：人民出版社，1999：146.

除博物馆外，开埠后烟台的各种展览活动也开始发展起来。1931年烟台筹建春晓画社，受到爱好书画艺术的青年人的推崇，由此研究绘画、书法、篆刻、木刻及文学的风气日盛。1933年举办了《画家联艺展览》，展品被争购一空；1933～1936年共举办5届画展。为了赈济水灾，春晓画社还分别在威海、烟台举办了两次画展。此外，还有很多画家从外地到烟台举办画展，烟台市民踊跃参观各种展览，欣赏到了一些较有名气的画家真迹，丰富和改变了烟台人的业余文化生活。

（三）报业

在文化方面，开埠后烟台的报业也开始兴起，且相当发达。烟台最早的英文报纸是由德国的沙泰龙公司创办于1894年的《芝罘快邮》（*Chefoo Express*），随后又有《芝罘商报》《芝罘日报》《胶东新报》《胶东卍报》《胶东日报》《东海日报》等，多达20余种，在同类城市中罕见。这些报纸传递了各种信息，丰富了烟台人的生活，但由于办报者多、阅报者少，很多报纸相继停刊。到1936年，烟台的报纸仅剩《芝罘日报》和《钟声报》。当时烟台的报馆情况见表3-32。

表3-32　　　　　　　　　　烟台报馆情况

报馆名称	地址	社长	总编辑	出版张数
胶东卍报*	大马路十字街	曹承虔、褚文郁	仲绍文	每日两大张
东海日报	德盛街	牟又尼	颜竺轩	每日两大张
芝罘日报	儒林街	王宗儒	王倬云	每日两大张
钟声报	正阳街	丁训初	李毅民	每日两大张
复兴日报	云龙街	兰镜堂	王仲芳	每日两大张
铎报	大马路	曹承虔、褚文郁	刘云楼	晚报每日一小张
民声晚报	富荣街	戴紫和	戴紫和	晚报每日一小张

注：*该报是烟台红卍字会接收《爱国报》后更名的报刊，是烟台红卍字会的机关报。
资料来源：刘精一. 烟台概览［M］. 烟台：复兴印刷书局，1997.

除上述经济、社会与文化因素外，促使烟台城市民俗变迁的另一个重要因素是政治力量的注入与强化。鸦片战争后，中国进入半殖民地半封建社会，西方列强开始对中国进行疯狂掠夺，而开埠后，烟台被推到了西方列强掠夺的"第一线"，也成为政治力量注入的"第一线"。东海关大权落入英国人之手，加强了对中国税收的控制；英、法、德等16国在烟台设领事馆，获得领事裁判权和治外法权；在烟台设立外国领事区和侨民居住区，侨民在此可以不受中国法律的制裁和审判，从而丧失了部分地方主权；《中英烟台条约》签订后，英国政府有权干涉中国的司法主权；此外，西方列强还一再蓄谋在烟台设立租界区，把烟台变为西方列强的殖民地，由于中国政府和烟台人民的强烈反对，最终未能得逞。凡此种种政治环境的改变，致使西方列强在烟台的权力迅速扩张，为了实现疯狂掠夺的目的，他们采取了开洋行、办工厂、办邮政、建教堂、建医院、设学校等种种措施直接干预烟台的城市发展，政治力量的在场和强化成为烟台城市民俗发展的重要因素，进而加速了烟台城市民俗的变迁。

随着烟台经济、文化和社会的发展，烟台这座城市也迈入了近现代的行列，在这个集聚了英、美、俄、日等多国以及烟台本土各种"资本"的"场域"，生活于此的人们的"惯习"在多方力量的合力下，进行着"文化再生产"，与人们日常生活息息相关的各种民俗传统"被发明"，烟台的城市民俗发生了变迁。

第四章 烟台城市民俗变迁的
机制与路径

变迁是人类社会与文化发展的永存现象，因文化变迁与社会变迁相伴而生，且社会变迁是永续的，所以文化变迁是永恒的。在文化人类学中，文化变迁是指或由于民族社会内部的发展，或由于不同民族之间的接触，因而引起一个民族的文化的改变。在文化人类学视野中，变迁既包括原有社会文化体系内部自然发生的变化，也包括在外来社会文化体系冲击下而导致的原有社会文化体系的改变。开埠后在半殖民地半封建的社会环境下，加之西方文化的强大冲击，烟台城市实现了近现代的转型，为烟台城市民俗变迁创造了先决条件。同时，基于人们对"美好生活的向往和追求"这一内因，形成了烟台城市民俗变迁的机制与路径，这些机制与路径又加速了烟台城市民俗文化的重新整合，形成了新的城市民俗。

第一节 烟台城市民俗变迁的机制

文化变迁离不开能动性因素，能动性因素是文化变迁的诱因，文化变迁的诱因有外在与内在之分。外在条件指自然环境、社会环境等环境因素，这是时代为文化变迁提供的客观条件，换言之，文化变迁在一定程度上要受制于时代所提供的这些客观条件。内在条件是人主观上的文化认同，当外在环境的改变有利于形成新的思维和行为模式时，内在条件与外在条件相互作用，文化变迁就发生了。烟台城市民俗的变迁也是如此。第三章所分析的"近现代烟台城市民俗变迁的语境"就是烟台城市民俗变迁的外在诱因，这里不再赘述。

除外在诱因外，人们的主观取向和文化认同也至关重要，在城市民俗的变迁中起着决定性作用。当烟台的城市环境发展到足以形成新的思维观念和行为模式时，在人们主观文化认同的作用下，城市民俗的变迁就发生了。在此过程中，文化认同的作用至关重要，通过人们对异文化的倾向性共识与认可来实现，这是一个长期的历史过程。

一、文化变迁机制的理论基础：文化认同

文化认同是文化变迁机制的理论基础。"认同"起源于拉丁文 idem（即相同，the same 之意），包括客观存在的相似性和相同性，是指心理认识上的一致性和由此形成的社会关系。"认同"强调的是认同的共性，即主体的承认、接受和皈依。简单地说，认同就是指对共同或相同的东西进行确认，因此认同总是存在于关系之中，或者说认同本身就是一种关系。作为一种关系，认同必然包括认同者和被认同者，认同是双向的和互动的，这就决定了认同机制的复杂性。文化认同是认同的一种类型，是指对人们之间或个人同群体之间共同文化的确认，认同是文化固有的基本功能之一。

同时，文化认同与文化冲突是不可分割的两个方面。文化冲突是不同文化之间、不同人或人群的文化碰撞、对抗和交锋，是不可避免的，其核心是不同价值取向和价值观的冲突。一方面，文化冲突源于人们对不同文化的认同，而文化认同往往则是文化冲突后的结果；另一方面，文化冲突将引起文化认同危机，而文化冲突的最终结果又强化了文化认同。文化认同与文化冲突同时并存的特性，就决定了文化认同机制的复杂性，在不同场域中，文化认同的机制是不同的。

二、烟台城市民俗变迁的机制

开埠促进了烟台城市的近现代化转型，而城市的近现代化转型也

直接引发了"文化危机",这种"文化危机"集中表现在对传统的否定,在此背景下,文化认同成为烟台城市民俗变迁的核心机制。在烟台城市近现代化这个具体场域中,由于场域的特殊性,形成了两个文化认同机制。

(一)民族衰危与政权旁落导致强制性的文化认同

民族兴衰与政权是文化认同的基础,当一个民族或国家兴盛强大、政权稳定时,不仅对本民族的文化认同感强,而且能影响其他异质文化,反之则会被其他异质文化影响,并被迫对其产生认同,烟台城市民俗的变迁更倾向于后者。开埠后,烟台的半殖民地化程度加深,各种权利逐渐旁落,西方列强的权力日益扩张,他们强行在烟台开洋行、建工厂、拓展对外贸易、建学校、办医院、办邮政等,一时间烟台一片"洋气"。在西方列强的强制推动下,一方面迫使人们必须接受,如随着传统自然经济的解体,很多人为了生计不得不到码头工厂等当工人,或者从事其他商业活动,进而导致民俗变迁;另一方面使人们对自己的文化产生怀疑,削弱了对已有城市民俗的认同,强化了新的文化认同,衍生出新的城市民俗,人们纷纷吃洋面、用洋灯、穿洋布、听洋戏、喝洋水(汽水)、抽洋烟……传统的城市民俗被改变。

(二)长期的文化接触和交融产生自然性的文化认同

开埠后,东西方文化碰撞不可避免,而且在西方列强的强制推动下,各种东西方文化交流日益频繁和广泛。西式教育的推广,医院的成立,电影院、俱乐部的建设,饭店、澡堂的使用,邮政通信的普及,水陆路交通的便利……在此过程中,人们逐渐认识到西学课程和西方化的教风要优于私塾死板的教学方法,西医的疗效较好且价格便宜,电影院丰富了人们的娱乐生活,新式邮政、通信和交通方式提高了人们交流和流通的效率……凡此种种使人们的观念逐渐发生转变,日益接受这些新事物,产生了自然性的文化认同,大量城市民俗的变迁源于此种机制。随着外在环境的改变、主观文化认同的形成,当新的思维观念和生活方式为足够数量的人所接受,烟台城市民俗变迁就发生了。

第二节 烟台城市民俗变迁的路径

克莱德·M. 伍兹（1989）认为，创新是所有文化变迁的基础，并且将变迁分为四种变种：长期的变异、发现、发明、传播或借用，还有学者提出，文化丧失也是文化变迁的一种。据此观点分析烟台城市民俗变迁可以发现，在烟台城市民俗变迁中，四种方式均有发生，但以传播或借用为主，在传播过程中，随着文化移入与适应，实现文化涵化，形成了烟台城市民俗变迁的两个主要路径，由此而引发了烟台传统城市民俗的"新发明"，最终形成新的城市民俗。

一、文化传播与文化借用

（一）文化传播

文化传播是指某种文化因素或文化结构从一个社会向另一个社会或多个社会的转移和互动，并包括有意的文化传播和无意的文化传播之分。有意的文化传播包括有目的、有计划、有组织地输出文化和模仿，以及引进及吸收文化两个方面。

正如罗伯特·F. 墨菲（1991）所说，"文化潜移的一个更为重要的现象是，由于政治上具有优势的群体的竞争，实用主义动机，以及某些时候由于胁迫，所造成的大范围的传播"。因此，规模最大、影响最深的文化移入及适应现象发生在近代西方资本主义世界向非西方世界的殖民扩张当中，非西方的社会文化体系在西方文化体系的强大冲击下，发生剧烈的社会文化变迁，烟台就是如此。

开埠后，在军事征服、经济控制和掠夺的同时，西方文化也强行传播，在外国列强大量涌入、设立领事馆、设关征税、开办商行、筑路建房、兴办学校、创设医院、建立教堂、开办旅馆和俱乐部等的过程中，形成强制性传播。西方列强为了实现掠夺和占领的目的，进行有选择的强制传播，其结果是大量"洋"元素移入，洋车、洋画、洋酒、洋药、洋烟等充斥烟台，新式教育和西医的推广尤为典型。

以新式教育为例，开埠前烟台只有私塾，开埠后为了实现文化入侵，他们不仅先后设立了小学、中学、大学、幼稚园，而且还专门为聋哑儿童设立了烟台启喑学校，使大量残疾儿童也有了受教育的机会。学校采用西方的教育方法，除学习英文、经济等文化课外，还开展体育活动，为烟台现代体育之始。西式教育的推广虽然客观上促进了烟台教育向近现代转型，但其主观目的是实现精神控制，最终把烟台沦为西方列强的殖民地，因此选择有利于西方列强对烟台进行控制和掠夺的元素进行强行传播是主要的。

需要特别注意的是，在西方文化的传播过程中，中西方冲突时常存在，烟台本土社会并非从原本就认可西方文化和文明，西方煤油的推广就是如此。美孚洋行在烟台主要经营石油产品，其中也包括照明用的煤油，但是由于烟台本地人习惯用植物油点灯，并未认识到煤油照明的好处，加之我国长期沿袭下来的旧式植物油灯不适宜燃点煤油，因此当时虽有新式煤油灯，但造价较贵，百姓贫穷，无力购买。这些冲突因素使得煤油的销售大大降低，在短期内并没有得到认同。

（二）文化借用

在文化传播的过程中，文化借用是一种普遍现象，也是人类文化的共性之一，借用别的文化就如同自己创造一样。但需要注意的是，文化借用是有选择的，一个"失去平衡"的社会比一个稳定且整合的社会更容易发生文化借用现象。近现代烟台城市民俗变迁就是发生于烟台社会"失去平衡"这一特定时期，在此过程中，烟台本地的民俗文化借用了大量的外来文化元素，兴办西式教育与西式医院、兴建洋房等莫不如此。

二、文化涵化与发明发现

（一）文化涵化

"涵化"是文化变迁的重要内容，美国人类学家赫斯科维茨（1937）

对"涵化"的界定是，"由个别分子所组成而具有不同文化的群体，发生持续的文化接触，导致一方或双方原有文化模式的变化现象"。该定义认为，导致涵化的原因是持续的文化接触，涵化研究的是因接触而产生的文化变迁过程及其结果。可见，涵化是两个独立的社会文化系统发生接触后，通过持续的互动，从而引起一方或双方文化特质或丛体的改变，是文化变迁的一种形式。涵化既包括变迁的过程，也包括变迁的结果。总体而言，涵化不仅是简单的文化传播或传递，还是具有创新性质的适应过程，是将接收到的文化元素与本地文化进行整合的过程和结果。

对烟台城市民俗变迁而言，涵化成为一种重要的现实路径。在这一路径下，先是基于文化传播这一重要环节，外来文化大量进入，进而促使烟台本土民俗文化与外来文化长期接触。在此过程中，关键的环节是文化适应，文化是人类用来满足各种需要的工具，文化适应的过程就是满足人的各种需要，经历取代、综摄、增添、萎缩、起源、排拒的过程，西方各种新元素在烟台的传播都经历了这样的文化适应过程。在文化适应过程中，完成了创新性的文化整合，其结果是实现了烟台民俗文化的再生产，形成了新的城市民俗。

以教育习俗为例，郭显德牧师任校长的会文学校率先在烟台开展体育活动，学校每天增加两次运动时间，上午叫"放小学"（即抢球游戏，是烟台球类运动的先声），下午叫"游戏"（即夺旗，又叫跑越，是田径运动的雏形）。当时，洋学堂开展的这些体育运动受到社会上的竭力反对，认为"跑""闹"只会误人子弟，为此而退学的学生不少，使会文学校受到沉重打击。但后来随着各教会学校体育活动的普遍，烟台本地社会逐渐适应了这种新的教学内容，才逐步接受了这种教育方式。到1932年，烟台的体育类活动已经比较活跃，有拳房23处，学员529人，当时12万人口的烟台，有体育运动用品商店3家[①]，这些都充分说明烟台的体育教育完成了文化涵化，形成了新的教育习俗。

---

① 中国人民政治协商会议烟台市委员会政协文史资料研究委员会. 烟台市文史资料第4辑［M］. 1985：118.

西医、邮政、电报、商行、饭店、影院、运输等所有文化的传播莫不如此。例如，最初中国传统的旧式油灯不能用西方的煤油，而且人们习惯用植物油点灯，因此煤油的销路并不好。为了打开销路，美孚洋行加紧研制和推销适用于各种场合、贫富皆宜的灯具。经过这一文化适应过程，加之采用各种广告宣传和促销手段，最终成功地用洋油取代了传统的照明植物油，煤油灯逐步取代了豆油灯，"织工和草帽编织者大量使用煤油，私人住宅和衙门也用"（庄维民，2000），美国①也垄断了烟台的煤油市场，从中获取了惊人利润。

（二）文化的发明与发现

近现代烟台城市民俗变迁，也离不开文化的发明与发现。发明是指某一团体或某一个人发现某种新的事物、新的工具和新的原理，并逐渐被人们接受而为社会所共享。发明离不开文化环境、社会需要和人才这三个关键要素，并可分为"基础发明"和"派生发明"两种类型。基础发明是发现新规律、新原理和新方法，并可能应用这些规律、原理和方法去改进旧事物或创造新事物。派生发明是根据已知的规律、原理、方法，将原有事物加以改进而创造出新的事物。发现是使某些已经存在但过去并不被人们了解的事务变得为人所知的行动。需要注意的是，有时发现与发明不容易区分。

特别需要指出的是，在烟台城市民俗变迁过程中，指导变迁的作用尤为明显。西方列强主动地、有目的地介入烟台经济、文化等各个方面的发展，西方传教士便是最重要的变迁指导者，如办学校、开医院、办实业。美国北美长老会传教士郭显德的女婿、美籍牧师海尔济力主"实业办教"，他创办了制作果酱和编织花边的小工厂，他的妻子梵妮擅长花边工艺，她于1893年夏天在烟台举办了17人参加的第一个花边讲习班，亲自向信徒妇女传授花边和发网的编织技术。长老会执

---

① 美孚洋行是美孚石油公司（属于美国洛克菲勒财团）在烟台设立的商行，美孚洋行在烟台倾销石油产品，谋取巨额利润，该洋行在烟台40余年的发展史也是帝国主义经济入侵史的缩影。

事刘寿山对海氏"实业办教"的主张十分欣赏，支持曾与梵妮一起办班的妻子刘梅卿继续教学生织花边。学生可以一边读书一边学编织花边技术，毕业后便将技术推介到农村。在传教士的直接指导下，花边编织的文化适应过程大大缩短，迅速实现涵化，得到普及。据刊登于《直隶实业志》1915 年第 3 期的《烟台之丝织业品》记载，当时一个女学生半日读书听道，半日做工，每月可得五至八千文。四乡之人闻而羡之争送女儿来此学织花边。辗转相传，数年之后，从事花边工艺的妇女遍及烟台及胶东各县城乡[①]。以烟台为中心，胶东半岛有十余万妇女从事花边生产，范围之广，人数之多，全国罕见。在指导变迁的作用下，教育、医药、卫生、社会风尚、商业贸易等西方文化元素的传播速度加快，范围扩大，加速了新的文化整合，形成新的城市民俗。

在烟台城市民俗变迁的语境中，烟台城市民俗的变迁有的以传承为主，继承了以往民俗的主要内容，如饮食方面习俗；有的是以借用移植为主，如文化娱乐习俗、教育习俗、交通习俗等主要是从西方移植而来；还有的是以发明为主，在近现代化的城市语境中形成的全新的民俗，如新的市民阶层的形成、社会组织习俗等。但无论是哪种路径，都并非单一地发挥作用，而是相互混杂在一起，在民俗变迁机制的作用下，最终实现了烟台近现代城市民俗的变迁。

综上所述，变异是在较长时间内发生的变迁，指固有的思想和行为模式经过长时间微弱变化的逐渐积累，最终成为本质上全新的东西。而发明与创新是文化变迁的核心要素，烟台开埠所带来的"日新月异"的发明和创新极大地影响了人们的生活，使他们既定的生活习惯和行为模式都发生了改变，所有的创新都是建立在旧有的创新和发明的基础上的，文化变迁就是推陈出新的过程，是"传统的发明"，而且与人们生产和生活息息相关的各种发明创新仍将不断涌现，这必将继续推动烟台城市民俗的变迁。

---

① 转引自邓云. 来华传教士与近代烟台社会变迁 [D]. 武汉：华中师范大学，2005：35－36.

第五章　近现代烟台城市
民俗的变迁

　　文化是满足人的基本需要的方式或行动，是由各种用具、物品、社会团体、观念、技术、信仰、习惯等所合成的整体，文化模式是文化的内在结构，蕴含于整体的文化表层之中。文化变迁先有局部的文化表层变迁，逐步积累后达到量变，致使深层文化模式变迁，而深层文化模式的变迁必将导致文化现象的整体变迁，这就是文化整合，其结果是形成新的文化。烟台城市民俗的变迁就是如此，开埠后，西方文化传播的范围涉及城市生活的方方面面，经过文化适应，最终完成文化整合，形成新的城市民俗。

　　为了全面清晰地展示近现代烟台城市民俗的变迁，并兼具微观与宏观视角，关照民俗变迁视域下人们的日常生活，本章将通过民俗志的方式呈现民俗变迁的内容，通过对民俗志书写的反思，进一步探寻近现代烟台城市民俗变迁的规律与意义。

第一节　近现代烟台城市民俗
变迁的民俗志

　　民俗志是民俗学的经典研究范式，既是民俗学的一种研究方法，也是民俗学的成果形式和作品，民俗志的写作实践在 20 ~ 21 世纪达到高峰。其实，民俗书写在我国有着悠久的传统，古代的民俗记录大体可分为史志类和笔记类两种体例，并且还有"民俗志"的概念，在元明清方志中可检索到有7部用"民俗志"命名。作为现代学科的民俗学，钟敬文先生将民俗志①与民俗学原理、民俗史、民俗学史、民俗学方法论、民俗资料学并列为民俗学的六个方面。他认为民俗志是"对全国、全民族或某一地区的民俗事象进行科学记述的作品"，民俗志的"主要特点是记叙的，或者说是描述的"，其作用是为民俗学研究提供资料。本节将通过对开埠后烟台城市民俗变迁的"记叙"与"描述"，来书写近现代烟台城市民俗变迁。

王霄冰和陈科锦在《民俗志的历史发展与文体特征》中的研究表明，在当代形成了史志民俗志、科学民俗志和传播民俗志三种类型，这三种类型的民俗志在一定程度上呈现相互影响、借鉴与交融的发展趋势。其中，史志民俗志延续了方志民俗志的传统②；科学民俗志是运用田野作业进行民俗学研究的成果形式，包括针对具体民俗事象的研究专著、调查报告和民俗学学位论文等③；传播民俗志通常是出于宣传地方文化的目的而编撰的民俗志，作者既有地方文人和民俗文化爱好者，也有受地方委托的专家学者；内容方面选择记述有典型性、代表

---

① 学界一般认为"民俗志"是由钟敬文先生在改革开放后率先提出的。王霄冰和陈科锦在《民俗志的历史发展与文体特征》中的研究表明，钟敬文先生并非该词的发明者，他对"民俗志"的学术界定很可能是受到日本民俗学的影响，他本人的贡献是将"民俗志"作为中国民俗学学科的术语进行定义和阐述，确定了它在学科体系中的地位。

② 自20世纪90年代初至今，已有20多个省、自治区和直辖市出版了省级方志民俗志专卷，除个别省份如广东仍用"风俗志"冠名，绝大多数受民俗学的影响都叫作"民俗志"。除官方编修民俗志外，个人或民间社团自发组织编写的大型民俗志丛书也较为常见，如陶立璠总主编的《中国民俗大系》、中国民俗学会组织编修的《中华民俗大典》、中国民间文艺家协会主持编修的《中国民俗志》等。

③ 科学民俗志借用人类学的"深描"和文化阐释方法，形成了一套较为成熟的研究与写作范式，因为与民族志已经没有太大区别，所以也有学者将其称为"民族志"。这类民俗志的成果数量庞大，如2019年齐鲁书社出版的系列：张士闪的《礼与俗：在田野中理解中国》，赵世瑜、张士闪主编的《礼俗互动：中国社会与文化的整合》，朱振华的《扮玩：鲁中三德范村的年节生活》，李海云的《空间、边界与仪式传统：潍北的乡村生活》，张帅的《个人叙事与地方记忆：鲁中地区的颜文姜传说》，张兴宇的《梅花拳与乡村自治传统：冀南北杨庄考察》等。

性的一部分事象，体例结构自由，语言风格个性化①。而本书力图兼具宏观与微观视角，既全面呈现近现代烟台城市民俗变迁之面貌，又关照人们的日常生活，因此民俗志的书写范式上将兼顾这三种民俗志，基于民俗学的基本叙事方式，分别按照商、衣、食、住、行、用等民俗生活的基本层面，借鉴日本民俗学中的"今昔比较法"，通过对开埠前后烟台的城市民俗进行比较，分别对近现代烟台城市民俗变迁予以细致描述，以呈现开埠前后烟台城市民俗变迁之全貌。在开埠前后烟台城市民俗的比较中，本书将侧重于对开埠之后所形成的城市民俗的书写，以突出烟台城市民俗变迁中的生活革命样态。

一、商业习俗的变迁

烟台是"因港兴商，因商兴市"的城市，"商"之重要可见一斑。开埠前后，烟台商业习俗变迁显著，涉及商业活动的方方面面。

（一）集市

这里所说的集市是指定时或定点聚会交易的市场贸易，农村称之为"集"，芝罘称之为"小市"。这是烟台传统的商业习俗，各地的集期都不同，有每五天一集的（如一、六，二、七，三、八等），也有三天、四天、六天一集的。到集上买卖名曰"赶集""上集"，无急事而上集名为"逛集""赶闲集"，集市结束为"散集"。开埠前，以天后宫为中心逐渐形成了一些集中做买卖的场所——鱼市、鸡鸭市、果木市、粮市（粉干市）、西瓜市、地瓜市、杆子市、草市、饭市、菜市、古董市专业化交易市场。集市为人们的物资交流和生活提供了便利，

---

① 一些民俗学者把传播民俗志作为新型民俗志写作的"试验品"，以探索民俗志的理想范式，如刘铁梁主编的《中国民俗文化志》的北京市卷，以区立卷，计划出版16卷，截至2020年已出版11卷；仲富兰的《上海民俗：民俗文化视野下的上海日常生活》，具有文化史的视野，通过记述民俗生活来解读上海的"海派"文化特质、刻画上海人的群体形象，语言通俗、简练和热泼，如同导游一般向读者科普上海的民俗文化，并跃动着他对故乡上海的一腔赤诚热爱之情；刘晓春的《番禺民俗》以一种整体性视野关照民俗事象，用语错落有致，文字优雅动人，散发着电视纪录片解说词式的魅力。

一直深受人们喜爱，开埠后工商业的繁荣进一步带动了集市贸易的繁荣。民国时期，烟台城区先后设立了大庙、奇山所、海防营、西南河、三马路、西马路、东河等30多处农贸市集。其中的西马路集、奇山所集与东河集等发展为定点定期集市（具体情况见表5－1），每逢集市货摊栉比，有粮食、柴草、中药、油坊、轻铁、制鞋、鸡鸭鱼肉、各种瓜果等，各种农副产品俱全。

表5－1　　　　　　　　民国时期烟台城区的定期集市

名称	形成时间	集期	经营规模	经营活动
西马路集	1931年	农历二、六日	摊贩370余个	柴米、粗杂货、炊事用具
奇山所集	—	农历三、八日（后改为农历二、七日）	规模较大	粗杂货摊、细杂货摊
东河集	1943年	—	摊贩900多个	粮食等
东河崖集	1943年	农历三、八日	摊贩460多个	—
海滨早市	—	—	摊贩100余个	旧货、水果、蔬菜、鸡鸭等

资料来源：烟台市地方史志编纂委员会办公室. 烟台市志［M］. 北京：科学普及出版社，1994：109.

开埠后，随着商业规模扩大，效益增加，一些集市逐渐发展为市场或商铺经营，其中尤以鱼市为最。早在19世纪初，烟台已成为北方的渔业中心，经营和加工海产品的行业——鱼行遍布烟台街，数量之多为全省之冠。20世纪初，烟台鱼行进入鼎盛时期，烟台总商会于1916年在大庙以北的后海崖鱼码头前建了一座大型鱼市场，1918年竣工后，把分散经营的鱼行集中起来，形成一个收购、销售、批发、加工的综合鱼市场，最多时达120余家，这便是闻名遐迩的公利市场。公利市场南邻北马路，北邻鱼市码头，占地5082平方米，建房570余间，时为烟台街最大的也是唯一的鱼市场。1938年，日寇侵占烟台，强行霸占了处于鼎盛时期的公利市场，垄断了烟台的鱼市场，并把公利市场的名字改成"烟台水产鱼市场股份有限公司"①。

（二）商铺

开埠前，有一些南方商号的少数经纪人在烟台做生意，多寄宿在船上，常在岸上商号内开单盖戳（印章），凭条到船上取货，这类商号称为"戳"字号，此类商铺在烟台沿用近百年，延续至开埠后。但更多的商铺是以天后宫为中心，形成了以北大街"天后宫"（大庙）为中心的东至广东街、西至西圩子（即海防营一带）、南至南大道、北至大庙以北后海崖街，方圆3~4平方公里的商业区，聚集商号千余家。

开埠后，一方面，以天后宫为中心的商业区继续发展，截至19世纪80年代末，各式商号铺户达1600余家，其中较大庄号包括大成栈、双顺泰、双盛泰、西公顺、万顺恒、恰美、万盛合等，还有脍炙人口的老字号，如瑞蚨祥绸缎店、鸿记栈茶庄、福昌泰杂货店、东顺馆、锦章照相馆等老字号，尤以瑞蚨祥绸缎店为最。另一方面，开埠后外国人蜂拥而至，他们开公司、办商行，外国人开办的公司、商行，被称为洋行。据《中国近代史大事记》记载，在中国开埠的10多个港口中，外国洋行企业有933家，仅烟台就有80余家，如著名的仁德洋行、美孚洋行、盎斯洋行、三井洋行、士美洋行等，经营时间最长的达80多年。

开埠后，在西方文化的影响下，烟台有了近代第一个综合性商场——新世界，在老烟台家喻户晓。新世界位于福建会馆东侧，邻衢街（今胜利路）西侧，北邻毓岚街，坐西向东；始建于1928年，1931年竣工，由裕华钱庄经理刘英堂和利栈公司经理汪玉田合资修建；仿天津劝业场建筑模式，呈长方形，四周二层楼相联，中间为天井，楼上内

---

① 烟台解放后，公利市场再度兴旺起来，汇集鱼行98家，从业人员达431人，后来公利市场逐渐衰落，1995年被彻底拆除。1998年在原址上又逐渐发展出包含海鲜鱼类、蔬菜水果、烟酒糖茶、日用百货的烟台市区最大的综合性市场——红利市场。2019年因烟台海上世界项目建设的需要，红利市场搬迁，在原址上改建后成为全新的渔市综合体——红利渔市，重现当年烟台的"大渔市"，留住了烟台人的百年记忆。

侧有回廊，屋面为可登临的平台，周边有护栏，正门朝东，副门朝北，建筑面积 2240 平方米，是一座很有特色的近代建筑。1936 年，张荆山等人又投资将天井加修成四面有窗的顶棚，天井内修建两道天桥楼梯，使天井变成营业大厅。"新世界"以租赁方式引进各类商铺，日用百货、服装鞋帽、烟酒糖茶、文化用品一应俱全，还有配眼镜的、修钟表的和专为女子理发的女子理发店。1933 年后，在北楼楼上开设有 300 多个座席的"清莲阁电影院"，1935 年改为开明戏院兼放电影。1936 年以后，南楼楼上也被辟为文艺演出场所，与北楼的开明戏院轮流上演京剧、评剧、曲艺、戏法（魔术）等文艺节目。楼顶平台也被充分利用，有拉洋片的、租看小人书的、打彩套圈的、卖民间玩具的。"新世界"既是商业服务中心，也是文化娱乐中心，逛"新世界"曾是老烟台人的时尚。1938 年，日寇入侵烟台，"新世界"部分商铺倒闭，生意日渐萧条，特别是在楼上开设大烟（鸦片）馆后，加速了"新世界"的衰败，完全失去了往日风采①。

（三）市声

开埠前，除坐商外，烟台还有很多行商——无固定经营场所的小商贩们，货郎小贩们招徕顾客的方式就是吆喝，又叫"市声"。小商贩们走街串巷的游动方式多种多样，有挑八股绳的（因其担子两头均用四股绳为系，故称挑八股绳）、拐篮子的、提食盒的、推小车的、拉板车的，还有骑自行车的。其中卖食品的最多，吆喝起来有腔有调、非常好听，跟唱民歌似的。例如，"热——片片""热——乎的饺嘞""豆腐脑——来好""五——香的烧肉——""五——香的烧鸡""清酱（即酱油）、面酱、香油、醋、疙瘩头来——（疙瘩头为咸菜）"。锢炉匠的吆喝，有声无字，如"纹儿——瓦呵——"，两个音拖得很长，谁也不知两音为何字何义，但世代如此，人们一闻此声便知锢炉匠来了。

---

①　1950 年 6 月 11 日"新世界"重新开业，之后连续经营了 40 年。1991 年，因旧城改造，胜利路拓宽，历时 60 多年的"新世界"老建筑被拆除，商场搬迁到青年路北段路西新建的新世界大厦一至四楼营业，仍称"新世界"商场。2000 年，"新世界"商场被婴儿乐集团兼并。2001 年，新世界大厦被拍卖，从此，"新世界"这个名称在烟台商海中沉没。

卖薄荷糖的用当地方言编了一套吆喝词:"我这个糖,真正强,又甜又辣又发凉!哎——甜细细的、香喷喷的、辣酥酥的、凉丝丝的。饥困饱了,馋虫跑了,口疮消了,咳嗽好了!"随着有腔有调有节奏地吆喝,能招徕很多男女老少。

开埠后,西方文化的传播未能改变老烟台的吆喝声,市声仍能传遍烟台的大街小巷,但随着烟台现代化的推进,吆喝声几乎已经销声匿迹。

(四)广告

开埠后,新兴的一种商业习俗是广告。当时烟台的商号、银行、公司、工厂、医院等都会在报纸、书籍上刊登广告,进行推广行销。以民国时期最重要的《烟台概览》《烟台要览》为例,这两本书刊登了各色广告。在《烟台要览》中刊登的广告主要有:张裕酿酒公司、上海商业储蓄银行烟台分行、农业银行、烟台济东实业银行、烟台麟呈祥绸缎庄、华俄道胜银行广告、醴泉啤酒汽水厂、源成泰香皂制造厂、烟台瑞丰面粉公司、中国南洋兄弟烟草公司、义泰公司代理开滦矿务局、交通银行等广告。

在《烟台概览》中刊登的广告数量明显增多:烟台德顺兴造钟工厂、政记轮船股份有限公司、福隆绸缎百货店、永康五金杂货行、袖东医院、烟台红卍字会孤儿工作所、华兴公绸缎洗染房厂、聚兴炉、光临医院、真光照相馆、养成工厂、上海五洲皂厂、玉成泰烟行/花边庄、律师孙希俨事务所、荣恒记电器行、山东医院、烟台芝罘医院、上海北洋大药行、中亚药房、醴泉公司、山东烟台同记丝织工厂、烟台中西大药房、东亚罐头股份有限公司、福兴公罐头制造厂、烟台瑞丰面粉公司、福民医院、润生牙馆、烟台宝盛隆五金杂货店、胶东陶瓷业厂、铎报、胶东卍报、文昌铸字局、烟台永源轮船行、华美照相馆、锦章照相馆、诚文德印刷书局、光华葡萄酿酒公司等。此外还有女月红、克梅淋、调经活血汁、时疫救急水、经母、乐育宝、无敌膏、我独灵、口中香、万应咳嗽散等药品,以及山东烟台烟威农场的果树苗、宝星牌的自来水笔墨水等广告。

这些广告不仅是一种新兴的商业习俗,也充分展示了那时烟台商业贸易等经济活动的发展面貌。从趋势上看，刊登广告逐渐成为一种商业行销趋势，二十世纪二三十年代，刊登的广告数量越来越多。从广告门类来看，涉及了当时的多个行业，特别是一些新兴行业，如银行、酿酒、照相、制皂、服装、交通、医药等。从广告形式来看，有的广告图文并茂（见图5-1、图5-2），有的以文字为主，核心都是展示各自商品或服务的优点，如这则刊登在《烟台概览》上的"莱阳梨膏"广告：

东亚公司驰名出品之一：真正莱阳梨膏

（莱阳梨膏一名东亚梨膏）

山东莱阳蜜梨香甜松脆，不同凡品，素有梨王之称，敝公司历来就产地采选，新鲜。经多次提炼用新法装罐不掺合杂质，故气香味甜，而色泽晶润，功能止咳清肺、开胃消食，行销以来功效卓著，而又价格低廉，久受各界欢迎，一经试服，定当赞美，洵为营养之良品也。

烟台广仁路电话：四八一号

东亚罐头股份有限公司谨启

电报挂号：有/无线九三六二号

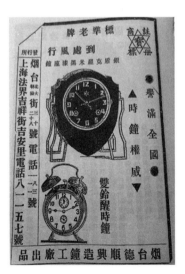

图5-1　德顺兴钟表广告（刊登于《烟台概览》）

图 5 − 2　醴泉公司广告（刊登于《烟台概览》）

二、生产习俗的变迁

在生产习俗方面，最大的变化当属生产工具的革新。开埠前后，烟台各行各业的生产工具有了很大不同，从开埠前的以传统手工生产为主逐渐转变为开埠后的机器生产，很多技术和机器来自西方。以面粉生产为例，开埠前，烟台沿用了中国传统的面粉生产方式；开埠后，烟台开始有了面粉厂，新的制粉机器也随之安装。例如，制粉主要机器有美国产的 36 复式钢磨四部、平筛三部、石磨一部、消粉机一部、筛麦机三部、吸风机三部、打麦机二部、小发电机一台（自备车间照明）等。同时，正如瑞丰面粉公司在广告中所说那样，"本公司制面技师富有专门知识，经验愈深研究益细"，在生产方面还采用了先进的技术。此外，举凡酿酒、罐头厂、织布厂、发电厂等都有各种先进的机器。

三、生活习俗的变迁

开埠前后，烟台的饮食、服饰、居住、交通、卫生等生活习俗都有显著变化，烟台市场上 90% 以上的日常消费品都是洋货，所以烟台人的生活迅速从土而洋，烟台一时间"洋气十足"，堪称"小上海"，掀起了一场声势浩大的"生活革命"。

（一）饮食习俗

1. 饮水

开埠前后，烟台的饮食习俗有所不同，以饮水为例。开埠前，烟台人的生活用水来源于分布在市区大街小巷的 300 多眼水井，但大多水井的水硬度高、含氯量大、又苦又咸，只有三道桥泉眼、老虎眼泉水、西沟街水井、曹家井等几眼甜水，但都地处偏远，故而送水行业应运而生，俗称"拉水的"。"拉水的"用板车拉着能盛 7 ~ 10 担水的大木桶，到水井灌满水后，再拉到用户门前，把大木桶里的水放入小水桶中，挑进用户家中倒入水缸里。但大多数穷人家支付不起"拉水的"工钱，只能自己担水吃。

开埠后，烟台先后有了几家自来水厂，烟台人开始用上自来水。1925 年，英国人曾在芝罘屯建自来水厂，因水质苦涩，宣告失败；1930 年，孙少政开办了一家金生水厂，也因水质变涩而停产；1934 年，烟台又开了一家福生水厂，该厂建在大海阳河西岸，拥有一眼水质良好的大口井，并在井旁建了一座蓄水池，用水泵把井水吸到蓄水池，再用铺设的铸铁水管把水引到码头，此水仅供停泊在港口的船舶和沿管线几家工厂用水，日供水量仅 150 立方米，对烟台百姓来说，只能望水兴叹。饮水仍沿用传统方式，新中国成立后烟台老百姓才用上了自来水。

2. 市场餐饮

就烟台的餐饮业而言，开埠后比开埠前繁盛数倍不止。开埠前，烟台的餐饮业起步于沿海各港口，从最初的流动摊点销售火烧、饽饽、油饼、烧肉等日常饮食，到开设饭店经营菜肴、酒席等，日益兴盛。其中，咸丰二年（1852 年）开业的福山县"吉升馆"最有代表性，该饭馆以福山大面而享有盛誉。开埠后，尤其在民国元年到二十五年（1912 ~ 1936 年），烟台的餐饮业达到鼎盛，1942 年前烟台地区的饮食网点已达 960 余家①。餐饮业的鼎盛使烟台的酒风达到最盛，工商业大兴轮流请客之风，一些具有独特风格的大酒楼、饭馆便应运而生，如芝罘的"会英楼""大罗天""松竹楼""东坡楼""中兴楼""芝罘第一楼""同升楼""公和楼""悦宾楼""大兴楼""同和楼""胶东饭庄""东升园""小壶天""同盛楼""重阳楼""同乐居""德春居""福源居""宴乐斋""东顺馆""同顺馆""复顺馆""兴顺馆"等。这些一等大酒楼多分布在朝阳街、海岸街、东太平街、儒林街等街巷。

开埠后烟台传统的饮食口味没有太大改变，烟台人的饮食口味喜欢咸鲜，名饭店擅烹山珍，尤长海味。根据服务对象和规模，大致可分为四等。一等是专门适应于洋人、官僚、绅士等上层人物要求的大酒楼和饭馆，如芝罘区的会英楼、大罗天、松竹楼、东坡楼、中兴楼等，专门迎官接诏，并承办红、白喜事的酒筵和包办酒席。二等是综合性的大酒楼菜馆，既承办酒席，又接待散客，主要为上层人物服务。三等是专业性饭馆和小吃店，大部分经营品种单一或风味特殊。四等是普通小吃店和饭摊，遍布全市各个角落，多是行商，经营时间和品种不固定，个别有简陋的营业用房。经营的品种多是火食、烧肉、锅饼、馒头、稀饭、馄饨、水饺、面条、片片、烩饼、小炒、杂烩等经济实惠的小吃，很受民众欢迎。

同时，开埠后烟台餐饮方面的最大变化在于饮食风格的多样化。开埠后，随着大批外国人和外省人迁入，烟台的饮食风格更加丰富，除传统的胶东菜外，西餐和外地风味菜也逐步进入烟台，如番菜、粤菜、闽菜、日本料理馆、西餐等。1923 年时烟台已有了专门烹制番菜、粤菜、闽菜、日本料理馆、西餐等不同风味的饭店酒楼。如经营番菜的"小洞天""鹿鸣园""大观楼""渤海番菜馆"，经营粤菜的"永隆饭店"，经营鸡素烧的"大罗天"，经营福山大面的"同顺馆"，专营烧肉的"万香斋"，羊肉馆"西域栈"，日本料理馆"松竹亭""菊水"

① 烟台市地方史志编纂委员会办公室. 烟台市志［M］. 北京：科学普及出版社，1994：1093.

"日乃丸"等。除专营的西餐店外，当时部分著名的中餐馆如大罗天也兼有西餐。

3. 新式饮品与食品

开埠后，饮食习俗中的"饮"也略有变革，主要是从西方引进了新的饮品，最主要的就是咖啡在烟台的普及。开埠后，咖啡伴随着西方人的大量涌入而进入烟台，20世纪20年代初，烟台就正式产生了以经营咖啡为主的服务行，位于烟台山前东太平街的咖啡厅是烟台的首家咖啡厅，名极一时。饮咖啡的习俗在烟台已经司空见惯，很多有钱人到了烟台也要品尝这种"洋水儿"。

开埠后，西方的冷饮也开始进驻烟台，并为时人所爱，1936年8月在儒林街北部路西冷香室开业，专营乳酪、琼浆及瓜果冰激凌等，很受中外顾客欢迎。不仅如此，西方的冷饮技术逐步被烟台本地人所掌握，烟台的冷饮生产从1940年以前已经开始，生产原料是用醴泉啤酒厂制的碎冰渣，装在盆内，用盐水冷冻成冰棍，每天只能生产几百支。1949年时芝罘已经有明田和洪祥两家冰棍厂，冰激凌生产也从这时开始了。在当时的烟台吃西餐、品洋酒、喝洋水（汽水）是时尚，已经融入了人们的生活。

开埠后引入的食品类轻工业生产，为人们增加了一些新的食品，罐头最具代表性。在《烟台要览》中记载了当时的罐头种类：

水果类：甘露樱桃、鲜制银杏、蜜桃、甜瓜、李子、苹果、葡萄、洋梨、鲜破瓣头（草莓）、柿子、甜梨、莱阳梨、海棠。

鱼虾类：五香熏鱼、油渍黄花鱼、加级（吉）鱼、巴（鲅）鱼、炸咸黄花、红烧干贝、红烧海蛎、清蒸对虾、油渍虾黄。

鸡、肉类：红烧牛肉、加厘牛肉、结汁牛肉、架厘鸡肉、冬菰（菇）鸡肉。

果酱类：莱阳梨酱、杨梅甜酱、李子酱、樱桃酱、苹果酱、杨梅樱桃酱、杨梅葡萄酱、大罐梨酱。

杂品类：莱阳梨膏、蜜炙海棠、山楂糕、甜酱肉丁、什锦酱菜、五香鱼子、五香鸡肫

（二）服饰习俗

俗语说"人是衣裳马是鞍，衣着一新另眼看"，服饰之重要由此可见一斑，开埠后烟台的服饰习俗变迁很大。开埠前，烟台的服饰主要是中国的传统服饰，俗称"衣裳"。男性多上着对襟便衣，下穿直腰大裆（俗称免裆）便裤，腰束红兰布腰带，脚穿布袜纳底鞋，头戴瓜皮帽，冬寒外穿棉衣裤，一顶帽子满头撸；女性多上着大襟上衣及过膝镶边长襟袄，下穿长裤或长裙，头挽髻戴首饰，足穿纳底绣花鞋，冬寒外加大襟棉袍及棉裤，布料均为粗布，自己染为青、兰、灰、白、棕、红等颜色。

开埠后，一方面沿袭了开埠前的传统便服；另一方面"洋服"（西服）逐渐普及，主要为烟台的侨民、传教士、海关、洋行华裔职员等人穿着。到了民国时期，中山装、学生装、童子军装等风行烟台。就布料而言，普通老百姓开始弃土布用洋布。1935年烟台新丰商行开始销售"上海精华针织厂"出品的新型真丝上等过膝袜，一时"裙子"越来越短，腿越露越长，发型发色都随之洋化，以至于1936年烟台特区公署以免伤风化为由发布了"取缔奇装异服规定"，针对女性着装进行规定，如穿裙子最短须过膝下4寸，上衣袖子最短齐肘关节，上衣身长需过臂部3寸，不准穿紧贴身瘦衣裤，不得染黑色以外发色，不得烫头，禁止穿睡衣、拖鞋、衬衣上街，并且违者罚款，由公安局执行。开埠后，随着针织业的发展，还出现了针织衫裤等新式服装，各种经久耐用的汗衫和背心已经"久已风行"。

开埠前后服饰加工习俗也有所不同。开埠前，服饰加工完全为手工缝制，制衣者为裁缝，铺面称"裁缝铺"。开埠后，1862年美国胜家公司生产的缝纫机传入烟台，始由机器缝制，传统重点工序仍为手工制作，熨烫衣服的熨斗也逐渐西化。出现了专门制作服装的行业，据1939年统计，烟台有成衣业152家，洋服业44家①。

---

① 烟台市地方史志编纂委员会办公室. 烟台市志［M］. 北京：科学普及出版社，1994：890.

开埠前后，人们的头衣、足衣也有所变化。头衣以帽子为主，开埠之前，烟台地区的帽子主要以棉帽、毡帽、瓜皮帽、虎头帽等为主。开埠之后，西方的帽子开始进入烟台，种类更多。帽子可分为中式和西式两个体系，中式沿袭了传统的样式，西式以礼帽为主，1862 年烟台就有了以经营西式礼帽为主的帽庄，还有童子军制服的标志帽等，一些烟台人开始戴西式的帽子。1936 年烟台已有生产各式帽子的店铺130 余家①。

足衣的变化主要是开埠前后人们所穿鞋袜的不同，以袜子为例。开埠前，普通百姓多是"夏赤足，冬布袜"，而随着西方制袜技术的传入并日益被本地人掌握，洋袜在烟台开始逐渐兴起。与传统的布袜相比，洋袜外观漂亮，穿着舒适，但最初价格昂贵，因此所织袜子多被商人及生活富裕人家所用，平民百姓买不起，仍过着夏赤足、冬布袜的简朴生活。但 1914 年后，随着织线袜的棉纱增多，洋袜价格降低，群众渐渐喜欢穿用，袜子样式有高腰、矮腰两类，实现了足衣的一个重大变革。

此外，一些服饰方面的陋俗也得以改变，摧残妇女的陈规陋习在教会中最先被破除，如传教士竭力向妇女宣传缠小脚的害处，劝说入教妇女放脚。对信徒家庭的女童，则以放脚或不缠脚为入教会学校读书的条件。德县公理会教会学校"以解放缠足为入学之必要条件，鲁北妇女得享天足之乐，盖自此始"，正因为此，在教徒中缠脚的妇女比例要大大低于普通妇女。

（三）居住习俗

1. 传统民居

开埠前，烟台人的居住场所主要是中式建筑，院落结构以四合院最为典型。烟台虽属北方，但四合院与北京的廊式四合院、东北的大窗四合院不同，形同型别。烟台的四合院有南、北屋各 5 间，东、西

① 烟台市地方史志编纂委员会办公室. 烟台市志［M］. 北京：科学普及出版社，1994：892.

厢房各 3 间，共计 16 间组成，当属奇山所城的四合院历史最悠久。四合院的正屋（北屋、上房）是家庭生活中食、寝、聚、作、储的主要空间；南屋（客厅、客屋、倒厅）供对外交流、会客、子女学习之用；门房（门屋）是佣人、工人住处；中院门（重花门）将内院分成里外。四合院正屋的锅台和炕，是烟台人生活的重要设施。老烟台是"家家离不开锅台炕"，而"围着锅台转，盘腿炕上坐"则是老烟台人特别是妇女生活的重要内容。炕是寝卧之所，也是妇女做针线、接待客人、一家人吃饭的地方。由于炕与锅台相连，能充分利用锅台的余热把炕烧热，冬天可提高室内温度，睡在热炕上，又暖和又解乏。炕靠锅台一边叫炕头，另一边叫炕腔，晨起以后，被褥统统垛在炕腔上。烧柴草的炕要定期掀开炕面，清除炕内积灰，俗称"打炕"，炕内积灰是上好的肥料，烧煤的锅台一般不用"打炕"。此俗一直延续至开埠后，至今在楼房内还可见到炕。

2. 近代西式建筑

开埠之后，在西方的资本主义因素和本地资本主义发展的共同作用下，原有的生产生活方式改变了，同时建筑形式、建造技术、构筑方式及对建筑材料的使用方法也有很大改变。

（1）建筑风格。

就建筑样式而言，开埠之前城里瓦房多，城里工人无房者多，大多住在有产者搭盖的矮小的窝棚里。开埠以后，大城市除了旧式的砖木石结构的小楼外，还出现了少数水泥、钢筋结构的楼房，这显然是受到外国建筑（如教堂）的影响。因此，总体来看，开埠后受西方文化影响，烟台有中式建筑、西式建筑和中西混合型建筑。

第一，中式建筑。中式建筑沿用了开埠前的传统风格，有公用与民用之分，公用建筑如当时的衙门、巡警局、红十字会烟台会馆等，都采用了中国传统的建筑，再如开埠前的私塾多在传统的四合院中。开埠之后，除个别学校外，新式学堂都采用了西式建筑或仿西式建筑。民用建筑多是传统的中国北方四合院式，如所城外围、大马路、二马路、南山路一带。以大马路庆安里为例，建筑布局基本上沿用传统的四合院式。庆安里前后四条胡同，胡同长约 70 米，共 19 套居民住房，

18套为四合院式，1套为两进合院式，是当时较早、质量较好的商品住宅。

第二，西式建筑。西式建筑是造型别致、风格各异的别墅式，系西方的舶来品，又可细分为西方古典式、折中式、殖民地式，主要分布在烟台山周围的领事馆区和洋人居住区，当时的各领事馆、洋行、别墅、外国公馆、旅馆、洋行、灯塔、银行、学校等使用的均为洋建筑。因其规模小，均为三层以下小型建筑，多为洋人所建，故烟台人俗称"小洋楼"。烟台洋建筑的造型多为欧美风格，按国别区分有英式、法式、德式等，如分布在烟台山周围的主要是西方古典式、折中式及殖民地式建筑形式。它们的建筑特点是，普遍采用外廊式，这种形式是18世纪英国式建筑传入其殖民地印度及东南亚一带，为适应当地炎热气候而设置外廊，且外廊又设置在建筑景观最好的方向，有单面廊、双面廊、内仓廊和环廊等。这些建筑形式在烟台市区到处可见，如1865年建于烟台山下东南侧的芝罘俱乐部。此外，还有北欧风格的建筑，如建于1904年的蚕丝专科学校旧址，陡坡屋顶，红铁皮屋面，屋脊上竖以高高的长矛枪刺，刺向蓝天。优美别致的造型、疏密有序的比例、明快质朴的色彩，同环境风貌巧妙结合，是16世纪北欧建筑的风格，这种风格的建筑在烟台市区还有水产学校校址。而坐落于海岸街的茂记洋行旧址则是20世纪初在美国流行的"摩登式"建筑。除公用建筑外，中国的商人、官僚也竞相仿造洋式建筑，许多一般民宅也都部分地采用洋式建筑的式样或装饰。

第三，中西混合式建筑。中西混合式建筑以西式为主，部分地采用当地的建造形式、技术和材料。昔日洋人建造这些洋建筑的设计图纸和部分材料如玻璃、瓷砖、门窗、五金、木材、水泥、瓦楞铁等均从本国运来。洋建筑相继出现，使国人受到启迪，纷纷仿而效之，很多国人借鉴洋建筑风格，吸取洋建筑优点，建起了很多仿洋建筑和中西合璧式的建筑，如虹口宾馆一带的3座别墅、大马路西首北侧的小楼和北大街协源昌旧址等均为国人所建。从总体上看，当时烟台的建筑以中西合璧的建筑较为多见，是近代中西建筑文化在烟台相碰撞的产物。

（2）建筑材料。

开埠后，就建筑材料而言，青砖、青瓦、石灰、乱石、建筑砂五种传统建材产品仍是当时最主要的建筑材料，但随着西方大量商品的进入，东北和海外的建筑材料也随之进入，海木、洋瓦、洋灰、玻璃四大建筑材料成为时代的象征。海木是从海上运来的东北木材，如红松、白皮松、杉木、桦木等，主要用于各种建筑，逐步取代了烟台本地产的杨木等。"洋瓦"是簸箕瓦、水泥瓦、大红瓦，洋瓦的引进打破了传统的"鱼鳞瓦"一统天下的局面，以其重量轻、体量大、易施工、颜色富于变化等优点而迅速推广开来。烟台建筑采用玻璃门窗始于民国，玻璃改善了居住和工作条件，节省了煤油和电等能源，卫生状况也得到了改善。洋灰的使用使传统建筑的样式、装饰、结构、层数等都发生了变化，同时也使烟台市民族石灰工业受到严重冲击，正如《福山县志》所载"辛末（1931 年），自水泥畅销，石灰业已觉稍衰"。

开埠后西方诸国相继于烟台山、海岸路等处兴筑的领事馆和水泥街道是烟台市最早用水泥砌筑的楼房、街道。此外，当时大量的其他建筑也都是以使用水泥为主。例如，1921 年竣工的烟台挡浪坝工程共用水泥 2.1 万吨；1929 年烟台市泥土街道开始全部翻修成水泥街道，1931 年全部工程竣工，烟台市 100 余条大街、胡同成为风不扬尘、雨不成渠的城市[1]。此外，钢筋、水泥混凝土等材料也都运用到了建筑中，当时的房屋建设出现了以砖垒承重墙，加楼板、过梁、楼梯、梁板等钢筋混凝土构建。与材料的变化相适应，也引进了西方的施工工具，如灰机、震动器、拖车等。

（3）建筑技术。

就技术而言，烟台的各式建筑中广泛引进了西方的各种建筑技术，如以大马路庆安里为例，庆安里的建筑布局基本上沿用传统的四合院式，但在个体建筑中更多地采用了西式建筑的建造技术，北正房为砖混结构：二层楼房，外廊式，廊柱板梁及楼梯均为现浇成预制钢筋混凝土构件，檐下、柱头及扶手栏杆等处使用了西式装饰式样。西厢屋

---

① 烟台市建筑材料工业局. 烟台市建材工业志（1800－1985）［M］. 1990：5.

顶为钢筋混凝土现浇平屋顶。第二道院门的形式也是多种多样的,有类似垂花门的形式,有西式的竖向形体组合门,也有的为圆拱门。后排的一户从建筑风格到材料做法则以西式为主。这种中式建筑格局、西式建造技术的住宅在当时是非常常见的。与此相适应,房屋的勘测设计技术开始在房屋建设中使用。在洋房开建之初,要专门聘请相关人员进行设计,并进行实地勘测,画出图纸,并使建筑业进入了营造厂时代,营造厂多达上百家,从业人员上万人。开埠前,烟台的建筑都是由"掌尺"临时召集木、瓦、苫、石匠等施工,工程竣工后个人则散。开埠后进入营造厂时代,则使建筑成为固定职业,截至1936年,烟台从事建筑业的有119户,从业者2000余人,形成了新的习俗①。与此同时,外国的建筑施工队也开始大量进驻烟台,如烟台港东西防波堤工程就是由荷兰治港公司组织施工的。此外,西方的传教士们还教会居民打扫房间和庭院、粉刷屋墙、冲洗教室和教堂的地板。

开埠前后烟台建筑的色彩也略有不同。开埠前,建筑的色彩以青灰、白色为主,以黑、红色为点缀,如青灰色的屋顶,青灰色的石头和砖墙,黑漆大门,红色门框,屋内是白墙。开埠后,洋房建筑多采用红色屋顶、红砖墙、棕红色门窗,以及棕红色木楼梯、扶手、地板等,形成了"万青灰丛中一点红"。受此影响,后来红色屋顶作为主色在烟台被广泛使用。

(4)旅馆业及其习俗。

在居住习俗方面,除传统的民居和公共建筑之外,来烟人口的增多和人流量的增大加速了烟台新居住习俗的发展,即旅馆业及其居住习俗的发展。开埠后,烟台的旅馆数量迅速增加,多分布在海岸路、大马路、十字街、广仁路及朝阳街一带,形式较为多样,有仿西洋古典式,有简洁明快的近代式,有英美的独立式,也有中国的合院式,更多的是混合式。常常在一幢建筑上混用不同形式的建筑部件,试图创造一种既反映某种西洋建筑文化,又结合本地地理气候和建筑构筑

---

① 烟台市地方史志编纂委员会办公室. 烟台市志[M]. 北京:科学普及出版社,1994:532.

方法的风格，如当时较为著名的阿斯特旅馆和大陆饭店。

此时的旅店都是私人经营，从性质和规模上可分四等。一等多为外宾及上等官商旅居处所，如保安栈、中华栈、悦来栈、荣升栈、同和旅馆等，大部分是旅店、饭店兼营，配备西餐，少数纯经营旅店，价格昂贵，每日均需数十元。二等多住普通客商，房间分为上中下三等，上等房间亦需十元，1930 年，仅芝罘区就有这种客栈 20 余家。三等为下等贫穷旅客居住，设备简陋，给铜元数枚，则可住宿一宵。1930 年，芝罘区这一类的旅店已有二三十家。四等是骡马店，设有可供人休息的通铺。骡马店既作为旅店经营，也为乡民经营售卖花生、猪等农副产物，住其店者不收房费，由其所售之货价抽取扣用，其营业状况须视农村生产状况好坏而定，1930 年时仅芝罘区就有 40 余家。饭店主根据家乡不同分为牟平帮、海阳帮、蓬莱帮等，各帮住客多为本县人。除此之外，有些旅馆不收旅客住宿，而是作为旅客落脚之地，为客代买船票及送往迎来。至 1936 年，有大小旅店 168 家，而到了 1938 年日军侵入烟台后，则减少到 121 家，1948 年仅剩 40余家①。

旅馆的居住和经营习俗呈现出多样化的特色，除旅馆常有的功能外，还兼有其他功能和习俗。例如，有的旅馆与官府关系好，还可以帮旅客打官司；有的旅馆为远出做工者代办理护照，以招揽回头客。1923 年芝罘区经营旅馆业者约 200 余家，历年招徕去海参崴的人数以数万计，凡欲往海参崴的侨工及行商者，都必须由客栈公所代领护照才能成行。还有的旅馆为了招揽顾客，甚至出现了陋俗，如在客栈内安排妓女，芝罘的同和旅馆、元和栈各有 10 余人，积庆里（即小洞天）、怡成栈、德生栈、荣春栈各有 20 余人。据 1940 年统计，芝罘区的 100 余家客栈中，能留客住宿者仅有 70 余家，其余均无客房②。

---

① 烟台市工商业联合会. 烟台市工商业联合会志［M］. 北京：中国文史出版社，2012：127.

② 山东省烟台市商业局史志办公室. 烟台市商业志（1861－1985）［M］. 1987：714－715.

（四）交通习俗的变迁

开埠前，烟台的交通方式以陆路交通为主，交通工具主要是车。1398 年，奇山守御千户所建立后便有了木轮地排车，也称大板车，起初它承担了运军械、运物资的使命，之后成为人们生活的必需。从陆路运输线路看，开埠前烟台已与济南陆路相接，途径福山、栖霞、登州、黄县、莱州、昌邑、潍县、昌乐、青州、淄川、长山、邹平、章丘，但当时的路面很差。

1. 陆路交通

开埠后，烟台的海上、陆路交通变化都很显著，陆路交通变迁主要有四个方面。

（1）修建公路，扩大与周边地区的联系。

烟台市境公路始于民国十一年（1922 年）建成的烟（台）潍（县）汽车路，全程约 290 公里，是当时全省最好，也是全国最好的三条汽车路之一。后来在 1928～1937 年的 10 年间，又相继修成烟荣、烟青、烟莱（阳）、烟威、烟夏等 14 条汽车路，形成了一些重要的公共交通线路，如烟台—潍县—济南、烟台—威海、青岛—烟台—海阳、烟台—夏村、烟台—莱山等线路（具体的市境公路见表 5－2）。到1937 年，共有 15 条公路，长 1600 余公里，占当时全省公路（58 条路，6274 公里）的 1/4[①]。

表 5－2　　　　　　　　　　1937 年市境公路一览

线路名称	起止点	途径地点	全长（公里）
烟潍路	烟台—潍县	蓬莱—黄县—掖县—昌邑	290
烟荣路	烟台—荣成	牟平—威海—埠柳	147
青烟路	青岛—烟台	即墨—莱阳—栖霞—福山	262
青威路	青岛—威海	即墨—海阳-夏村—文登	269

①　烟台市交通局史志办公室. 烟台市交通志（1840～1985）［M］. 北京：科学普及出版社，1993：3，42.

线路名称	起止点	途径地点	全长（公里）
威石路	威海—石岛	文登—高村—斥山	160
烟海路	烟台—海洋所	牟平—夏村	123
烟徐路	烟台—徐家店	黄务—铁口—桃村	80
青沙路	青岛—沙河	即墨—平度—夏邱堡	157
青黄路	青岛—黄县	即墨—店埠—招远—黄山馆	217
石荣路	石岛—荣成	斥山—崖头—俚岛	87
烟石路	烟台—石岛	牟平—文登—高村	160
胶东路	胶县—东宋	蓝底—平度—沙河	120
蓝掖路	蓝村—掖县	南村—平度—夏邱堡	120
蓬辛路	蓬莱—大辛店	龙山店	30
烟招路	烟台—招远	三十里堡—大辛店—石良	137
合计		2359（按今境内，实长 1600 公里）	

资料来源：烟台市交通局史志办公室．烟台市交通志（1840～1985）［M］. 北京：科学普及出版社，1993：43. 表中的部分公路超出了本书所指的烟台城市的区域范围，但是因为公路的特殊性，为了全面展示烟台的交通发展，所以也列入表中。

随着公路的发展，烟台的客货运输发展较快，并成立了"烟潍区汽车路局"，组建了卡车运输公司，如振业、德美、明记、共和、裕通、福顺等 13 家汽车运输公司（见表 5-3）。

表 5-3　　　　　　　　1936 年烟台商车业概况

商号名称	车数（辆）	经营路段	年收入（万元）	附注
振业汽车公司	10	烟潍路货运	8	官方按长途每次 15.0 元，短途 7.5 元征收路租
明记汽车行	6	烟潍路货运	6	官方按长途每次 15.0 元，短途 7.5 元征收路租

商号名称	车数 （辆）	经营路段	年收入 （万元）	附注
共和汽车公司	12	烟威路等客货运	7	按营收官 35 民 65 分配
裕通汽车公司	7	烟石路等客货运	5	按营收官 35 民 65 分配
同志汽车行	4	烟徐路客货运	3	按营收官 35 民 65 分配
福顺汽车行	4	威文路等客货运	3	按营收官 35 民 65 分配
利通汽车行	3	烟夏路客货运	2	按营收官 35 民 65 分配
德美汽车行	2	烟夏路客货运	1.5	按营收官 35 民 65 分配
营业公共汽车行	7	威石路等客货运	4	按营收官 3 民 7 分配
协和汽车行	6	烟招路客货运	3.5	按营收官 3 民 7 分配
芝罘公共汽车公司	3	烟海路客货运	1.8	按营收官 3 民 7 分配
汽车合作社	3	市内至北岛客运	1.5	按营收官 3 民 7 分配
协济汽车公司	3	烟福支线客运	2	按营收官 3 民 7 分配
合计	70	—	48.3	—

资料来源：烟台市交通局史志办公室. 烟台市交通志（1840～1985）［M］. 北京：科学普及出版社，1993：128.

（2）改善市内的交通路况。

市内交通路况的改善主要是修建"洋灰道"（老烟台人称水泥路为"洋灰道"）和水泥桥。开埠前，烟台市区的街道比较狭窄，很多地方骡马运输无法通过。关于路况，在一些外国人写的书中还能见到，如英国人阿美德在《图说烟台（1935－1936）》中写道：

"遇到下雨天，道路泥泞，下雪天，由于路不平坦行人经常摔倒。人们在道路上使用油灯照明，这样光线十分暗淡，而且有大风就会把灯吹灭，使许多夜行者遭受痛苦，除非他们自己带上自制的灯笼"，而且"地方肮脏，积土杂堆，水沟不通，东西河臭难闻"。

开埠后，烟台城市居住结构分化现象较为明显，以烟台山为中心，在烟台山下、东海岸、大马路、二马路、三马路一带，形成了一个"具有世界风味"的外人居留区，经外国人一番布置之后，区内"马路亦颇宽平，烟埠菁华所聚也""花木则如锦如绣，道路则如砥如矢"。但以天后宫为中心的中国人居住区则是晴天尘土飞扬、雨天泥泞难行的土路，刘珍年决定采纳共产党员"为百姓做点好事"的建议修"洋灰道"，据统计共修"洋灰道"150多条，占建国前烟台街道硬化率60%以上。此外，还在东南河、西南河上修建了10余座水泥桥，以1930年建成的"罗锅桥"最为著名，是当时自城区通向蓬、黄、掖各县的出口①。同时，疏通沟渠，每星期用水机冲洗一次，以除污物，街道上腐烂的垃圾也由垃圾车在清晨取载。路面和桥梁的修整加速了烟台的交通习俗变迁，方便了各种车辆通行，也使烟台的市容有了很大的改观。

（3）交通工具种类增多。

随着交通工具种类的增多，更方便了人们出行。

第一，轿子。烟台开埠后，才有轿子行当，在其他交通工具出现之前，便轿②是街巷中的主要交通工具。桃花街一带是老烟台的中心，商铺、餐饮和娱乐场所多集中于此，人口稠密，客流量大，经营轿业的轿行便相继在桃花街中段以东的三条街巷中"安营扎寨"，抬轿的轿夫也多集居于此，成为烟台的轿业中心，三条街巷被称为轿子街、大轿子街、小轿子街，总称"轿子街"（1933年后改名为"泰丰街"）。1905年后，洋车传入烟台，轿子逐步被淘汰。

第二，黄包车。1905年一刘姓商人从上海购进两辆铁轮人力车黄包车拉客，因人力车由日本传入中国，故称"东洋车"，俗称"洋车"。1914年，烟台华洋路政管理处又从上海购进20辆投入营运，同年大连商人带20辆车到烟台参加营运。1920年后，充气胶轮人力车淘汰了铁轮人力车。20世纪30年代洋车在烟台盛极一时，计有3000余

---

① 谭鸿鑫．老烟台春秋［M］.2002：105，180－182，199.

② 轿分官轿和民轿，民轿分便轿和花轿，便轿供一般商民雇乘，花轿是结婚专用之轿。

辆，人力车集中的街被命名为"洋车街"①。

第三，马车。1911 年威海人王子芹从大连购进一辆四轮欧式马车从事客运，至 20 世纪 30 年代，烟台共有营运欧式马车 30 多辆②，这种马车多为洋人和富商租用，后来由于街巷狭窄、车体太长、运行不便被淘汰。民国初年，货运马车进入烟台，称作"畜力车"，俗称"大马车"，初为木轮，后逐渐改换成胶轮，曾是码头货物集散和近郊各县物资交流的主要交通工具。

第四，汽车。1913 年美籍邓医生来烟台协助创建毓璜顶医院时，带来一辆福特汽车，成为烟台汽车之始。1923 年仁德洋行又引进了一辆福特汽车，继而仁德洋行与福特公司达成协议，以 6 辆汽车开展出租业务，由于租价昂贵，不久便宣告停业。

第五，自行车。1918 年仁德洋行把自行车引进烟台，烟台人称之为"不吃草的驴"。民族实业家看到自行车有广阔的市场，决定投资制造，1932 年烟台永康无限公司创建的"炳蚨铁工厂"仿造法国"站人牌"自行车成功，标名"飞机牌"投放市场，烟台有了自己造的自行车，并且在一些五金杂货里"经售最新式脚踏车"，而且"批发零售不误"。

（4）市内公共汽车的出现。

随着烟台交通路线和交通工具的革新，烟台开始有了市内公共汽车，形成了一种新的交通习俗。1933 年烟台开始有市内公共汽车业，并成立了烟台公共汽车公司，当时属于私人经营。烟台公共汽车公司有客棚车 5 部，但那时的客棚车较小，每部只能乘坐 20 多人，兼跑烟潍路，行车路线东至卡子门，西至通伸大槐树，中经三幢碑、罗锅桥、西围子外、北大街、正阳街、草市街、东门外、东关中街、三马路、威海五路、卡子门，每站一分钱③。赶腊月集（三八所集）东门外人流拥挤时不走东门外，改行仓浦街、厚安街。逛梨花④时则加线加车，路

---

①②　谭鸿鑫. 老烟台春秋［M］. 2002：105，180 - 182，199.

③　烟台市政协文史资料委员会，烟台市文史资料编辑部. 烟台市文史资料第 16 辑［M］. 1992：191 - 192.

④　逛梨花是梨花盛开时节，烟台民间流行的一种赏花游玩活动。

线是烟台山下、朝阳厅、正阳厅、北门外、西门外、集祐街、集祐南街、乱葬岗，下一大坡经醴泉酿酒公司北侧，经过一座水泥小桥，向西南进入河套四明公所，下车后步入第四林区（今南山公园）。一路上乘客可招手上车，1937年卢沟桥事变后市内公交车停运。日寇占领烟台后，也跑公共汽车，属官办性质。

2. 水路交通

水路交通的变迁主要体现在修建码头，开通客运航线。开埠后，随着海关码头落成，各国洋行先后修建了福开森、滋大、摄威利、和记等私人码头，此后又修建了东西防波堤和北码头，正式形成烟台人工港，对烟台的海上客运与货运都有决定性意义。1873年，烟台港开办海上客运，当年的客运量为3337人①，后逐渐发展了烟台至大连、天津、丹东、营口、青岛、威海卫、上海、广州、中国香港，以及日本、仁川、海参崴、新加坡等固定航线，由烟台的招商局、政记公司、英商太古洋行、日商邮船会社、俄高士美船行等中外航业经营，客货混载，无固定船期，无专设的客运站，售票由各船行自行办理，直到新中国成立前轮船都不能靠泊码头，旅客需经舢板中转到轮船。1936年7月，日军独霸烟台至大连的客运权，在上下船的码头设卡搜查，老烟台人称此卡为"鬼门关"。

（五）生活卫生习俗

开埠后，烟台开始大量"借用"西方的某些生活习惯，如洗澡、吐痰、学会用手帕、保持衣服整洁、关心个人健康等，让烟台人逐渐养成一些良好的生活习惯，所以开埠后，烟台的理发、洗浴业等随之发展起来。

1. 理发

开埠以前，剪发、刮面皆由街头的流动小贩经营，没有固定场所，条件好一些的会用布扎起棚子遮阴避雨。开埠后，1911年林景山开设了芝罘区最早的理发棚，此后烟台各地的理发棚相继增多，并开始由理发棚转向室内，称为理发馆（店）。实质上，在辛亥革命以前，清朝

---

① 谭鸿鑫. 老烟台春秋［M］. 2002：53 – 54.

的发型决定了当时的理发馆主要是修面。辛亥革命后，兴起了理平头和分头，理发习俗也发生了变化。到了 20 世纪 30 年代，烟台已经有 70 余家理发店①，大致可以分为上中下三等。上等理发馆的数量较少，只有烟台的"万国""中央""全球"等。这些理发馆有从西方引进的设备，可以电烫、理发等，如 1932 年开业的"万国理发店"就兴起了烫发，引领了烟台女性发型的新时尚，因此价格较高，主要为经济条件优越的男女服务。中等理发馆的数量较多，如"裕兴堂""福汪堂""增利堂""三合堂""荣盛祥""东兴堂""德顺堂"等，价格也较低，多是较为富裕的居民和商人到此理发，主要是剪平头与分头、剃光头、修面等男活。下等理发店的设备最简陋，只有理发和刮脸，价格也最低，主要为平民服务。一般而言，上等理发店可以用日本的"田中"牌推剪或德国的"双钥匙""双鸽""双站人"牌刀子，条件略差的用上海新中华刀具厂生产的"双箭"牌系列理发工具。

2. 洗浴

直到清末民初烟台才有了澡堂，1911 年后澡堂开始增多。当时没有自来水，澡堂用水主要靠人力水车把井水拉回来，倒入大锅加热，再放进浴池中。老烟台人口不足十万，1937 年时烟台有澡堂 15 处，如东华楼、庆泉楼、中兴楼、中和楼、东滨楼、镇江楼、庆春堂、勇泉堂、浴德堂、雅江泉、九江泉、新兴泉、浴新堂、卫生池等，从业人员有 300 多人②。据民国版的《烟台概览》记载，当时澡堂中的"池塘多改为温热两池，且用白砖砌成，清洁美观，胜前多多"。东华楼、雅江泉、庆春堂等都是当时设备最完善的澡堂。澡堂改变了烟台人的生活习惯，洗浴走进了民众的日常生活，因此"营业均极旺盛"。每逢春节前，人们为了干干净净过年，一齐拥向澡堂"泡澡"，众多"泡澡"者"共沐一池水"，如同热锅下饺子一般。

老烟台澡堂一般只设男池，辛亥革命后，有几家澡堂顺应历史潮流，冲破封建习俗，开始分设男女池，此举曾轰动一时。福建会馆以

---

①②　烟台市地方史志编纂委员会办公室. 烟台市志［M］. 北京：科学普及出版社，1994：1095 – 1097.

西曾有条"女塘子街",就是因为此街设有女澡堂而得名,后更名为凝祥南街,女澡堂内每一房间设一西式瓷盆,一切化妆品均属上选,更有带自来水之西式厕所,洁净异常,还有女服务员2人。此外,1923年的"恒兴园""浴新池"也都设女浴室,另辟小门出入,并有女服务员专职为女客服务。1937年的"东华楼""浴新堂"是烟台两个著名的女澡堂。澡堂的服务项目很多,有搓背、修足、推拿、拔罐、剃头、品茶及代叫饭菜小吃等,澡堂更衣室每人一床,有的设有双人雅间,洗澡者进入更衣室,便有"跑堂的"过来,把洗澡者脱下的外衣用长长的叉杆高高地挑起,悬挂于顶棚下的衣钩上,既规矩、又安全。

(六)照相

对烟台而言,照相是新生事物,开埠后随着传教士将摄影传入烟台,烟台照相业开始发展起来。烟台地方学者谭鸿鑫(2002)的研究表明,在《烟台通志》①(*Pictorial Chefoo*)中刊登了一张拍摄于清光绪十三年(1887年)的照片——"烟台东山一瞥",这应该是目前发现的烟台最早的照片。

大约在清朝末年(具体时间不详),在草市街开业的洪聚照相馆是烟台第一家营业性照相馆,照相业开始进入烟台人的日常生活。20世纪20年代,烟台照相业发展较快,据1923年出版的《烟台要览》记载,当时已有寿星、大来、恒聚、荣芳、美华、老阿芳等数家照相馆。到了20世纪30年代,又陆续开设了真光、恒记、瑞生、华威、亚丰、华东、涵秋、庐山、美璋、渤海、新美、光华、大华、锦章等照相馆;其中,以锦章为最,当时烟台人流传着"要照相,到锦章"的说法。刊登在《烟台概览》中的两则照相馆广告真实记录了那时烟台人时尚的生活:

真光照相馆广告

本馆专门美术照相,缩小放大,电光弧光,艺术精良,日夜

---

① 《烟台通志》的英文书名为 *Pictorial Chefoo*,后经陈海涛和刘惠琴翻译后出版为《图说烟台(1935–1936)》,该书共刊登了235张照片。

兼照，室内清洁宽敞，特备有转盘自动机以应一切外照，如团体宴会、学校毕业、家庭结婚等事，遂用遂到，定期不误。新自西洋购来照门市机器，无论街巷宽窄、楼房高矮皆可正面对照。

兼售欧美名厂照相材料、镜头、镜箱、乾片、软片、捲片、印像纸、放大纸、药品器具，以及国货卡纸、布景等，一概俱全，如蒙惠顾，无任欢迎。

电话：一七二号

地址：北大街

锦章照相馆广告

本馆专门美术照相，缩小放大，孤光电光，艺术精良，日夜兼照，室内清洁，备有自动机转盘以应外照，各团体宴会、学校毕业、家庭结婚等事，遂用遂到，定期不误。兼售欧美名厂照相材料、镜头、镜箱、乾片、软片，即像纸、放大纸、药品器具，以及国货卡纸等，一概俱全，如蒙光顾，极表欢迎。

地址：朝阳街

电话：三七三号

《烟台概览》出版于1937年，说明烟台在20世纪30年代已经引进了先进的照相技术和设备。从这两则广告可以发现，两个照相馆的经营业务和照相设备等基本相似。此外，这两则广告不仅记录了当时烟台的照相技术和设备，而且反映了当时的照相习俗：第一，已经形成了"团体宴会、学校毕业、家庭结婚"时照相的习俗。第二，形成了用于商业广告用途的照相习俗，因此在广告中说"无论街巷宽窄、楼房高矮皆可正面对照"。总观《烟台通志》《烟台要览》《烟台概览》等书籍，以及当时发行的各种报纸上的各色广告照片，也可以充分印证这一习俗。第三，不仅可以在照相馆里照相，还提供外照服务，而且服务极好，可以达到"遂用遂到，定期不误"。第四，照相馆兼售"欧美名厂照相材料、镜头、镜箱、乾片、软片，即像纸、放大纸、药品器具，以及国货卡纸等"，也反映了当时部分经济条件富裕的人开始购买照相器材，并将其作为一种高档的爱好。

此外，刊登在《烟台通志》《烟台要览》《烟台概览》等书籍和报纸上的各种烟台风光照，例如，仅《烟台概览》一书就刊登了"烟台全市风景图""烟台街市一角（朝阳街）""德胜码头一瞥""烟台大庙香炉""烟台冬季雪景""冬季海景""奇泉寺梨花""北山石船""太平湾内之帆船""奇山所西门""芝罘岛公公石""芝罘岛婆婆石""日落晚霞"等30多张照片，这充分说明当时烟台已经形成了风光摄像的习俗，并还将其制作成"明信片"，在报纸和书刊上广泛刊登。

四、休闲娱乐习俗的变迁

开埠前，烟台的娱乐活动是传统的听戏、听书等，形成了一批戏楼戏台，仅烟台就有7座，分别是阳主庙戏楼、天后宫（大庙）戏楼、福建会馆戏楼、玉皇庙戏楼、太平庵戏楼、潮州会馆戏楼、孤仙庙（也称胡三庙、三太爷庙）戏楼，现在原建之古戏台仅存阳主庙、天后宫、福建会馆三座。此外，还有数家戏院，但多为传统的木构房屋，容量较小，采用散座式，视线、音响不佳。开埠后，烟台人的娱乐活动"新旧交杂"，传统的娱乐活动与西方现代的娱乐活动并置。

1. 戏园

据民国版《烟台概览》所言，烟台"昔无正式戏园……以席为棚，架木为台，至为简陋"。开埠后，烟台人沿袭了传统的听书听戏等娱乐方式，烟台发展为北方重要的京剧码头。1906年，大连人张子禄意识到京剧在烟台已经有了广泛的群众基础，便投资修建了烟台第一座剧场——德桂茶园（1916年更名丹桂戏院，1944年又改名金刚大戏院）。1910年又有人投资修建了瀛洲大戏院（20世纪40年代毁于火灾），1931年丹桂西侧的寿仙戏院落成（1939年更名吉祥大戏院，1945年又改名光陆戏院），在20世纪初的几十年中，烟台拥有大中小型戏院十余座[①]，如芝罘开明戏院、进德会、小舞台、会友轩、海防营百业市场戏院、北马路劝商场戏院等，新建的这些戏院采用西式建筑的技术和材料，减少了厅内柱子，观众席做了升起处理，改进了视线

---

① 谭鸿鑫. 老烟台春秋［M］. 2002：106 – 107.

和音响效果，外观上也较多地使用了西式形式。这些戏院不售门票，唱完后向观众收钱，多少不拘。一些京剧名角看中烟台这座京剧码头，纷纷在此落户，如方少川、黄宝岩、王亚伦、刘俊文等百余人；周啸天、李香匀、张艳芬、田菊林、黄桂秋、赵松樵、孟丽君都先后来烟数次；京剧"双合班"多年常驻烟台，马连良、程舰秋、李多奎、叶盛兰、袁世海、张君秋、言菊朋这些京剧大师都来烟台演出过，他们演出时由商会卖票，一张票可以卖到四五元，黑票还曾卖到 20～30元。烟台成为中国北方著名的京剧码头。看戏是商人、官员、普通百姓共同的娱乐方式，在烟台的戏场中依靠德国人提供的先进设备，夏天的露天演出吸引了比平时多 5 倍的观众。那时，人们不仅听戏，还学戏、演戏，京剧已融入老烟台人的生活，由此也催生了戏装老字号"老半半堂"。

2. 西式休闲娱乐活动

烟台以优越的自然气候和天然环境著称，历来都是避暑胜地，阿美德在《图说烟台（1935－1936）》中提到，"在整个中国，烟台都是最符合健康生活的地区"，因此开埠后来烟台避暑度假的外国人骤增。例如，美国海军在 1874～1934 年的 60 多年间，每年来烟台度假的人数少则千余人，多则超过 5000 人，加之大量洋商等的进入，使得开埠后烟台的俱乐部、影剧院、旅馆、酒吧等娱乐性场所遍地林立，并引进了很多西方的娱乐方式。一方面，让"绅士们在这里（烟台）可以找到大量的机会来尽情享受各种娱乐，充分满足他们的各种要求"（阿美德，2007）；另一方面，带动了烟台本地人休闲娱乐方式的革新，其中以电影的影响最普及、最深远。

（1）电影。

电影这种西方娱乐形式首先是由英国人带来的，英国人在烟台山开设了烟台最早的电影院——月宫电影院，设有 50 个席位。1910 年前后，无声电影开始进入烟台，但只是传教士在教堂里放映一些无声短片。1923 年，烟台商人王桂荣将建于 1910 年的群仙茶园买下，改建成烟台第一家商业性电影院——福禄寿电影院，并与中国的电影中心——上海建立了直接供片合同，专门放映国产新片，如《荒江女侠》

《关东大侠》《红蝴蝶》《火烧红莲寺》等，但都是无声片。1934年有声电影在烟台开始出现，这年福禄寿电影院购置了德国双头蔡斯放映机筹演有声电影，并于当年9月12日首次放映了《姊妹花》，该片是1933年由上海明星影片公司郑正秋编剧及导演、胡蝶主演的国产有声片，当时报纸评论"发声极清晰"。此后，在烟台又陆续开设了9家电影院和电影放映场所，如金城电影院、芝罘有声片大戏院、华安电影院、胶东电影院、开明电影院、东方电影院等。华安电影院与众不同的是，它建在著名的福建会馆（天后行宫）院内。1935年开业的金城电影院是烟台唯一由外国人所有和经营的电影院，但刚开始人们还不能接受这些新事物，最初"多系蓝眼金发人也，间或有华籍熟谙英语之人士，光临该院，但总属寥寥无几"（刘精一，1937），但后来因为该电影院宽敞明亮卫生，以及人民思想解放，影院里座无虚席，每天放2场，周末3场，每周换3个片子。日军侵华期间，日本人在烟台广仁路设有华北映画株式会社，由早川任经理，经营影片发行。看电影成为当时的重要娱乐方式。此外，留声机、交际舞等也传入烟台，成为烟台人时尚的娱乐方式。

（2）话剧。

烟台开埠以来，西方的"文明戏"也开始进入烟台。烟台在1911年便有"文明戏"（又称"新剧"）上演，后被称为"话剧"，初演的剧目是《波兰亡国惨》，20世纪30年代烟台的"青年话剧社""河山话剧社"等话剧表演团体相继成立。1946年烟台市举办话剧公演，有"新生剧团""学联剧团"等7个专业和业余剧团参加了为期6个月的演出活动，上演了《难》《雷雨》《腐蚀》《深渊》等近20出大型话剧，主要是抗敌救亡的宣传演出。

（3）俱乐部。

新型的娱乐方式除电影外，还从国外引进了俱乐部，成立了芝罘俱乐部（Chefoo Club）。芝罘俱乐部是英国侨民在烟台开设的娱乐场所，始建于1865年，1906年与1914年扩建，1931年重建，该俱乐部是一座木石结构的三层楼房，建筑面积3100平方米，一层以舞厅为主体，有康乐球室、游艺室等多种娱乐活动间；舞厅呈长方形，分别由舞台、乐池、楼上看台等组成。另附外廊及服务室，外廊向东，以观赏海景。二、三层皆为客房，二层东侧设南北阳台，南面为弧形，北面为长方形，供在室外眺望海景，悦目适意。三层南端附小型阁楼。1870 年此处铺设保龄球场，这是中国近代第一座保龄球场，也是亚洲最早的保龄球场。芝罘俱乐部堪称中国最好，它拥有当时中国最好的俱乐部所能提供的每一项设备，夏季时俱乐部成员特别喜欢划船游乐和游泳，而冬季则喜欢打羽毛球。但芝罘俱乐部主要供洋人、富商、官员等权贵消费，普通百姓只能望而却步。

（4）跳舞。

开埠之后，随着西方文化的传播，跳舞这一娱乐活动逐渐在烟台盛行起来，随之也出现了一些专业舞厅，如东太平舞厅等，使跳舞活动开始成为社会娱乐活动而出现在公共场所。1933 年时，朝阳街古汉饭店从大连请来舞女 20 余人，操办跳舞业。这时跳舞已经逐步社会化，相继出现了一些跳舞学校，向人们公开教授各种跳舞技术。例如，1933 年烟台创办了奥尔德佩拉跳舞学校，还在报纸上招考学生，学校教授探戈、华尔兹等西方流行舞蹈，越来越多的烟台人开始接触到西方舞蹈。去舞厅跳舞的多是外国人和旅居烟台经商的外地中国人，当然也不乏烟台当地的达官贵人、年轻人等，但跳舞在当时主要还是上层人的娱乐活动。

五、社会组织习俗

开埠对烟台的社会组织习俗变迁影响颇大，尤其是与商业活动相关的社会组织，主要表现在三个方面。

（一）行业帮派

开埠前，按照行业不同，在烟台形成了不同的帮派，如"码头帮""打铁帮""水车帮""驮运帮"等，其中以"码头帮"最为显著。

第一，"码头帮"。开埠前烟台港虽是一个商贸繁荣的海港，但没有正规码头。开埠后，虽然修建了海关码头，但是靠泊能力仅 500 吨，

500 吨以上的轮船只能停泊在远离码头的深水中，货物、旅客全靠小舢舨板过驳转运，由此产生了一支庞大的装卸队伍——码头工人。当时的装卸过程有"商船—舢船—海边—陆地"这 4 个环节，所以形成了"摇舢舨的""扛包的""背客的""打现的"四种行当。自烟台开埠起，码头装卸就处于无专门管理机构的散乱状态，多是自发结成的帮派组织，通过各帮派向洋行、商行老板、掌柜揽活。不论哪个行当的码头工人，都要受帮主、工头的盘剥，劳动所得微乎其微。有时货少人多，各帮主、帮头常常相互压价竞争揽活，常常有聚帮斗殴现象。民国初期成立了"舢舨业公会"，码头秩序略有好转。

第二，"打铁帮"。开埠前，打铁业就是烟台最兴盛的手工业；开埠后，牲畜是陆路运输的主要工具，每天仅进出烟台港的牲畜就在3000 匹左右，于是打铁业首先从钉挂牲畜的蹄铁兴起，此后业务范围逐渐由锻打铁蹄扩大到锻造农具、豆饼模子等。到 19 世纪 80 年代中期，烟台铁匠已达 5000 余人，以莱州人为主，形成了庞大的"打铁帮"。

第三，"水车帮"。开埠前，老烟台人的生活用水靠的是分布在市区大街小巷的 300 多眼水井，只有三道桥泉眼、老虎眼泉水、西沟街水井、曹家井等几眼甜水，但均在市区南部海拔高处的近山地带，多数市民无法使用。于是送水的行业应运而生，俗称"拉水的"，并形成了庞大的"水车帮"。开埠后，虽然引进了自来水，仅供少数人使用，普通百姓只能望水兴叹，"水车帮"长期存在。

（二）商会

随着烟台商贸业的发展，外国势力的入侵程度加深，开埠前后烟台的商业组织也随之发生改变，成立了商会。开埠前，烟台商业活动的行业组织称"行帮""行会"。为了经营方便、中转便利、联络及时，省内、外地的航运客商在烟台纷纷成立同乡会馆，如省外的福建会馆、潮州会馆、广东同乡会、东北会馆、河北会馆、宁波会馆；省内的济南、文登、牟平、掖平（今莱州、平度市）、海阳、蓬莱、栖霞、荣成、益都、沂州、潍县等。开埠后，随着工商业的兴盛，商人同时受到清政府的敲诈勒索和西方列强的排挤欺压。为了维护行业利益，加之国家成立了商埠，各埠皆奉命成立商会，因此，1901 年以烟台著名的义昌、天成栈、顺盛、双盛泰、恒茂、洪泰、协茂、福泰八大商行为主自发成立了商业界领导机构大会，1906 年改名为"总商会"，1910 年改名为"商务会"，是一个介于政府与商人之间的中间机构。新中国成立后，改为"烟台市工商业联合会"。

（三）"上海客"

开埠后，烟台出现了"上海客"，即烟台商家派驻上海的烟台人。凡经销上海货的商家，多派人常驻上海，被称为"上海客"，上海人则称这些人为"烟台帮"。他们在上海的集居地成为烟台在上海的"联络处"。"上海客"一般不带眷属，只能趁回烟台述职时顺便探亲休假。"上海客"必须是商家信赖的人，具有一定的学识和敏锐的头脑，主要职责是收集上海的商业信息，了解上海的市场变化，采购适销的上海货，装船运回烟台供各自的商家销售。在交通不便、信息不通的年代，烟台商家依靠"上海客"用信函和电报传递来的信息进行决策。"上海客"把烟台与上海的距离拉得很近，使烟台成了"小上海"。20 世纪40 年代，"上海客"开始把眷属接到上海，新中国成立后，除个别"上海客"举家迁回烟台，大多数人定居上海。"上海客"均已谢世，他们的后人都成了上海人。

六、教育民俗

开埠使烟台的教育习俗实现了转型，从传统的私塾教育向近现代教育发展。开埠前，烟台只有私塾，没有学校。私塾分为家塾、学馆和村塾三类。其中，家塾是由富贵人家或官绅所设，不收外人；学馆是由塾师在家设馆收徒，要收取学费；村塾是由一村或几村合办，从外聘请塾师。因此，长期以来只有少数人有机会接受教育。随着烟台近代教育的发展，开埠前后，烟台的教育民俗有了质的不同，具体表现在以下几个方面。

第一，广设学校，使当地人无论贫富贵贱都有机会接受教育。开埠后，烟台广设学校，既有教会设立的教会学校，也有很多私立学校，这使得以前没有机会上私塾的学生都有机会上学。传教士为了在中国实现基督教化而积极办学，给那些因没学费而无法上学的穷学生提供了上学的机会。狄考文创办蒙养学堂时，招收了6名"寒素不能读书"的穷小孩教以读书，"不惟免其修金，并且丰其供给，一切衣服、鞋袜、饮食、纸张、医药、灯火以及归家路费，皆给自本堂"（顾长声，2005）。

此外，1922年烟台基督教青年会在烟台发起平民教育运动，邀请当时著名的平民教育家晏阳初、刘湛恩等来烟台演讲，动员社会各界兴办平民教育事业，在全市设4区29个点，基督教各宗派都派出教师担任授课任务，共招收失去读书机会的青壮年和少年3000人参加学习，形成平民教育运动的热潮。不仅如此，传教士将启喑教育传入烟台，将残疾人与健全人一视同仁，使其重新享受了受教育的权利。梅理士与上海商务印书馆经理相商后，她通过商务印书馆经理专为聋哑儿童开辟了就业机会，凡是成绩优良的毕业生，都被介绍去作印刷工人，使一些聋哑人得以谋生于社会，做到了"有教无类"。

第二，重视女子教育。在中国封建社会，受"男女授受不亲"和"女子无才便是德"思想的影响，妇女地位低下，行动受到了严格的限制。不守"妇道"、轻易抛头露面等都被认为有伤风化，要受到社会的谴责和鄙视，除个别人外，大部分女性没有机会接受教育。但近代，在西方传教士创办女子学堂活动的刺激和妇女解放舆论风潮的影响下，烟台妇女界在20世纪初掀起了创办女学的热潮，女子上学成为十分普遍的社会现象，使妇女冲破封建思想的束缚，她们走上社会，接受西方近代自然科学和社会科学知识，掌握劳动技能，逐步走上自强自立的道路。真光女子中学是烟台第一间女子学校，创办于1921年，"本校以英文与钢琴课称著，驾凌本省各学校之上。毕业生大半择业教员，少数初中毕业生读护理，升学以齐鲁和燕京为对象。今日在华北各地担任音乐和钢琴教职尚未退休的校友可数多名。其第二代在音乐界负盛名者为数很多"（曲拯民，2006），还有许多女子成为牧师的得力助手。在课程设置方面，除了阅读和简单的算术外，一些教会学校还进行有关家庭和社区中实际问题方面的教育。

　　第三，教会学校将西方的教育方式传到烟台，打破了私塾传统的教学方法。西学课程和西方化的教风对中国传统的教育制度形成了挑战，二者的融合对中国传统教育制度的变革起到了借鉴作用。在中国政府首次制定的教育制度中，运用了许多西方人设计的并在教会学校中得到体现的教育技术。其教学方法所具有的开创性，对烟台的民众意识有启发作用。例如，会文书馆开展的体育活动，即为烟台现代体育之始。最初烟台许多人认为学校的体育活动会误人子弟，有的家长则令子女退学，但随着各教会学校体育活动的普遍开展和清政府新式学校的设立，民众意识才逐渐被改变。

　　1920 年会文书院并入实益学馆，改名为益文学校，每周设两节体育课，一节武术课，体育课以田径、球类为主要内容，学校的体育场地、器材较为齐全，益文学校建立起了烟台首座体育场，各中小学运动会均在此举行。后来崇正中学建立起了设备较完备的体育场，包括田径、足球、排球、篮球、网球等，体育活动在烟台逐渐普及。例如，1902 年烟台第一个棒球队由实益学馆的学生组成，全校学生 30 余人，参加棒球队的竟达 21 人；1904 年英文学馆开始设有篮球活动，名叫"筐球"，并于 1914 年成立了篮球队，此时烟台的足球运动同步发展；网球、乒乓球和游泳由青年会所提倡，1911 年有网球队组织，1912 年有乒乓球活动，1913 年有游泳队，并允许妇女参加游泳；1914 年烟台开始有排球运动。1903 年还举行了"烟台阖滩运动会"，又称"烟台商埠运动会"，这是我国近代的著名运动会之一①。1926 年女青会成立，设体育事业部，提倡女子体育活动。1942 年烟台还修建了第一个可供烟台人使用的溜冰场，每晚入场门票为两角，租冰鞋为四角，每晚来场活动的人多则近 100 人次，少时也有 50 多人次②。凡此种种都见证了烟台教育习俗的变迁。

　　针对旧式轻视体育教育的做法，郭显德批评道，那些被认为"用

---

　　①　烟台市档案馆. 烟台档案史料丛书第三辑——烟台城市记忆（1861 – 1936）［M］. 2009：210.

　　②　烟台市政协文史资料委员会，烟台市文史资料编辑部. 烟台市文史资料第 15 辑［M］. 1991：84.

功读书，即是好学生"的学生，结果身瘦面黄，腰背佝偻，小辫弯曲，颧骨尖削，而"赛跑运动必受重罚"，这都是教育制度的失误。为此他特别指出体育符合卫生和生理要求，应是"学校中紧要课程"，上体育课能使学生"发达其筋骨，舒散其血液，抖擞其精神""达其健康目的"，只有这样才能"发展其智育、体育、德育"。更有意思的是，他很早就提出了对学生实行军训的教育方法。他说，"至于兵式体操（军训），更为师范生及训练员多必须学习之技术。盖兵式体操，不仅可以活动其筋骨，而与脑力尤有莫大帮助，且使有勇知方，团体合作，是大有益之事"①。

此外，在教育内容方面，开埠前后也发生了一些变化。开埠前的私塾以教授传统的四书五经为主，而开埠后的新式学堂则引进了西方的教学科目，如英语、数学、物理、自然科学等，并且还通过兴办学校发展职业学校和劳工教育。

七、婚丧嫁娶礼仪习俗的变迁

婚丧嫁娶是中国人生礼仪习俗的核心部分，开埠后烟台婚丧嫁娶方面的习俗也发生了一些变化。一方面表现为婚丧仪式的变化，另一方面表现为婚丧观念的不同。整体而言，与其他城市习俗变迁相比，婚丧嫁娶习俗的变迁有两个显著特点：第一，婚丧嫁娶习俗的变迁主要表现在部分群体之中，他们多为接受西方宗教或受其影响者；第二，婚丧嫁娶习俗的变迁表现为局部或部分习俗的变迁，并未从根本上改变烟台传统的婚嫁习俗。因此，本书不再赘述烟台传统的婚丧嫁娶习俗，主要描述开埠后形成的新习俗。

（一）婚嫁习俗

开埠后，烟台婚嫁习俗有所不同：一是婚姻观念的变化，主要表

---

① 转引自马金智. 近代烟台教会教育研究（1861 – 1949）［D］. 济南：山东大学，2008：30.

现为教徒内部的婚姻观念逐渐发生了变化。例如，嫁娶都不用媒人，而是男女私自承诺。基督教会要求男信徒过真正的基督教徒的生活——不纳妾，烟台社会旧有的娃娃亲、领童养媳、蓄妾、嫖娼等陋习都被教会所禁止。二是婚嫁仪式的西化，部分市民开始采用西式婚礼，或者是中西合璧的婚礼。开埠后，部分教民或市民开始按照基督教仪式在礼拜堂里举行婚礼，新娘不再穿着全身绣花的大红衣服，也不再佩戴镶着各种假宝石的凤冠和红盖头，而是改穿西式婚纱。婚礼仪式中不再需要三拜九叩，而是由牧师主持改为行鞠躬礼。

另外，较为普及的一个变化是嫁妆的逐步西化。例如，当时烟台富绅之家姑娘的嫁妆必须有国外产的洋货，如德国或日本产的座钟、罩花，化妆品方面要有雪花膏、凡士林、口红、香水、花露水、眉笔等，到了20世纪20年代，烟台自己生产的"宝时"牌座钟成为遍布烟台城乡的必备嫁妆。此外，西方人婚礼上喝葡萄酒的习俗也出现在烟台人的婚礼上，本地品牌张裕葡萄酒公司生产的白兰地、红白葡萄酒也是婚礼上的必备品。

（二）丧葬习俗

开埠后，烟台丧葬习俗的变化主要受西方宗教的影响。例如，英国浸礼会传教士法思远批评烟台流行的土葬习俗，称之为攫取土地的"死人之手"，认为这种风俗造成了大批土地资源的浪费，应该如西方一样建立公墓地，减少土地的占用。不过他又认为，由于土葬习俗已经融为民众宗教的一部分，改革这种风俗要相当的谨慎。

在丧葬习俗方面，开埠之后出现了专供外国人使用的万国公墓。开埠之后，传教士、洋商等洋人大量进入烟台，当时在烟台的外国人数以万计。而生老病死是大自然法则，加之1909年、1910年连续发生瘟疫，霍乱流行，外国人也未能幸免，他们无法归葬故土，当时也没有火葬，只好就地掩埋，于是就有了外国人专用的公墓——毓璜顶的西侨公墓，该公墓位于现在的毓璜顶北坡的烟台警备区里，也叫万国公墓，著名传教士郭显德、韦丰年、狄考文等就埋葬于此。公墓中坟墓的最大特点是，坟头上都高高地竖着白色的十字架，但大小不一。这虽是外国人专用的公墓，但是开了烟台公墓之先河，成为烟台丧葬习俗变革之先声。但当时的中国人鲜有葬于公墓的。

八、节日习俗

整体来看，开埠后烟台传统的岁时节日习俗并未发生本质性的改变，但是受西方影响，也有所不同。例如，部分人接受了西方的圣诞节，每逢圣诞节，这些中国居民会到教堂庆祝圣诞节，他们在礼拜堂里举行圣诞诗歌的演唱，并各分得一袋内装花生和糖果等食品的礼物，这时礼拜堂里座无虚席，堂外也站满了人。同时，西方传教士也尊重中国的节日，每当中国春节之时，传教士就率孩子走家串户给中国人拜年。这两大节日均有礼物往还，仅马茂兰一家，每年节日就需备礼品 5000 余份。

通过对烟台近现代城市民俗变迁的民俗志书写，分门别类地再现了那时生活在烟台这座港口商埠城市中人们的日常生活。通过下面记录的这段生活往事，大家对开埠前后烟台城市民俗变迁及人们的日常生活能有更加微观而细腻的感知：

"当然，记录这个关于烟台的故事，其主要的目的，是为了告诉那些直到现在还没有听说过我们这些人所经历的快乐的人。那么现在，那些喜欢在坚固干净的马路（相比较而言）上行走，在黑暗的深夜能使用电灯的人，至少应该知道，在烟台这个地方，这些东西也只是在四十年前才出现的。虽然现在整洁的北马路已经从市区一直延伸到了我们的使馆区，甚至还有第二条大道被称为二马路，但是，这些地区在更早一些时期，也就还只是一些比铁轨宽不了多少的乡间小道，蜿蜒在麦田、磨房和高粱地之间。当然，在这些地区的交通，当时主要还得依靠双腿。现在在烟台我们所熟悉的动力车，那时还没有出现。如果不想很狼狈地步行，或者不想太辛苦，或者因为年龄太大，外国侨民在外出办事或购物时，就必须要雇一辆或者自己去买一辆人力车。花几百块钱，就可以雇到两个仆人，对大部分人来说就是这个价格。"

（《图说烟台（1935－1936）》）

　　总体而言，开埠后，随着工商业的发展，邮政业、电报电话的开展，西医的推广，洋人遍市区、洋货满街巷、洋味进万家，烟台人的衣食住行等生活几乎全被洋化，对普通民众而言，这是一个最显著的改变，烟台人经历了一场全面而深刻的"生活革命"。通过"烟台宝盛隆五金杂货店"刊登在《烟台概览》中的一则广告，大家对此会有更深刻的感知：

　　　　本店出品各种洋炉，制造精美，热力强大，省煤耐久，各种新式，很多新式不在此列，货物不多，望各界速到敝店早购为要。

　　　　经济——烧水煮饭便利，宜于家庭之用。

　　　　卫生——燃烧此炉，市内清洁，保持维新。

　　　　温度——昼夜暖温，递时指定。

　　　　麻烦——煤烟内化，免去扫取烟甬。

　　　　放心——室内有贵重物品不能熏坏，免去火灾。

　　　　本号精制化妆品种类列下：

　　　　德氏雪花膏　德氏生发酱　德氏理发霜　白玫瑰香品油　香水粉精　珞玲粉　凤凰牌牙粉　精制茉莉香品油　美发香水

（《烟台概览》）

　　这则五金杂货店的广告呈现出开埠后人们日常生活之面貌，经过这场全面而深刻的"生活革命"，人们吃洋面、喝洋酒、饮洋水（汽水）、吸洋烟，有病服洋药（西药），照明用烧洋油（煤油）的洋灯和洋蜡，点灯、引火用洋火（火柴），购物用洋钱（银元），用水有洋井（机井），做衣服用洋布，洗衣服用洋碱（肥皂），娱乐听洋戏（留声机）、跳洋舞（交际舞），唱歌用洋嗓子（西洋发声），连哄孩子都用洋娃娃。有些人发了洋财，更显得洋气，他们借鉴洋技术，用洋灰、洋瓦、洋铁、洋钉盖起了洋房，出门穿洋服（西服）、坐洋车。还引进洋种子，使烟台成为"苹果之乡""草莓之乡""大樱桃之乡""洋梨（茄梨）之乡"。而大花生也是由洋人倪维思于1871年带到烟台的洋种子繁衍出来的。但是正如李孝悌（2022）所言，如若仔细审视这些令人"目眩神迷的壮丽外观之后",就会发现"传统文化的某些质素,还盘根错节地横亘在现代化风貌的底层。或者更精确的说,传统和现代其实是用纷然并陈的形式"呈现在近现代烟台的城市图像中。开埠后烟台城市民俗的变迁则是这幅传统与现代交织的城市图像的显性表达,从而也构成了近现代烟台城市的特有风貌。

第二节　生活革命:近现代烟台城市民俗的重构与新构

在近现代烟台城市民俗变迁的过程中,烟台市民经历了从被动到主动的过程,在烟台城市民俗文化变迁之初,人们在变迁中尚处于被动,但是随着民俗文化变迁的加速,当民俗变迁呈现出势不可挡之势,人们逐渐发现变迁能为其生活带来更好的改变时,就逐渐接受了这种变迁,并开始主动融入其中。这种现象与马克思·韦伯的价值合理性是一致的,韦伯(1997)提出,"通过对外界事物的情况和其他人举止的期待,并利用这种期待作为'条件'或者作为'手段',以期实现自己合乎理性所争取和考虑的作为成果的目的"。在烟台城市民俗变迁的过程中,人们从被动地面对或抗拒民俗变迁转向接受,进而在新的民俗文化中谋求理性发展。这一过程,也是人们主动融入并实践"生活革命"的过程,从而完成了民俗文化的重构。

一、"生活革命"的内涵

"民俗"是民俗学的研究对象,普通人民的日常生活是近年来现代民俗学的研究核心,"生活"动态变化是永恒的,因而以"生活"为关键词的民俗学要聚焦普通民众生活的日常变革,转向关注世事变迁的民俗学。近年来,多国民俗学者的研究聚焦于此,形成了关于"生活革命"的民俗学研究,日本民俗学界在这方面的成果最有代表性,近年来我国民俗学者在这方面的研究也取得了一些成果①。

周星在《关注世事变迁、追问"生活革命"的民俗学》中，对日本民俗学界一直以来较多关注世事变迁和生活革命，以及生活改善运动的日本民俗学的相关研究成果予以系统的梳理。他的研究表明，日本民俗学始终关照世事变迁，尤其是对普通民众生活文化的演变深感兴趣，日本学者福田亚细男、柳田国男等一致认为，关注世事变迁正是日本民俗学的重要特点之一。因此在柳田国男的影响下，日本民俗学曾经是把民俗学视为"研究长时段的民俗历史变迁"的学问，而且其对"当下的社会及民俗变化也必须作出适时应对"。从 20 世纪 80 年代对乡村"过疏化"引发的民俗文化变迁问题的集中研究，到都市民俗学、环境民俗学、基于城乡一体化的"现代民俗学"，都紧密结合民众日常的"生活革命"。

如何理解"生活革命"？在日本民俗学中，"生活革命"主要是指第二次世界大战之后，伴随着经济高速增长期（1955～1975 年）和全国规模的都市化、现代化而发生的日常生活整体的革命性变化。具体而言，日本的新谷尚纪（2017）曾经把日本的"生活革命"定义为 20 世纪六七十年代日本国民生活的总体性变化：家用电器开始全面普及，先是"三种神器"（电视机、洗衣机、电冰箱），接着又相继有吸尘器（扫除机）、煤气灶、抽水马桶、空调、私家车等新生活用具的陆续普及②。同时，因为这一过程同时也是大众社会的消费热潮，所以新谷将因为消费革命引发的衣食住行的全面变化称为"生活革命"。因此，周星（2022）指出，所谓"生活革命"就是狭义的民众"消费革命"。

日本民俗学者认为，经济高速增长和都市化促成了彻底的日常生

---

① 日本神奈川大学国际日本学部教授周星在这方面的研究成果丰硕，他不仅系统地梳理了日本民俗学界关于"生活革命"的研究成果，而且将"生活革命"研究引入中国民俗学的研究，形成了系列论文，如《"生活革命"与中国民俗学的方向》（2017 年）、《生活革命、乡愁与中国民俗学》（2017 年）、《关注世事变迁、追问"生活革命"的民俗学》（2022 年）等，著作《道在屎溺：当代中国的厕所革命》（2019 年）等。

② 转引自周星."生活革命"与中国民俗学的方向［J］.民俗研究，2017（1）.

活革命，在研究方法上，他们较多采用"今昔比较法"，通过对"生活革命"之前和之后的状况进行比较，对民众的生活文化进行细致、系统的观察与分析，日本民俗学通过对日本近代以来的民俗文化变迁、战后由各方权利主导的生活改善运动，以及经济高速增长带来的生活革命等的深入研究，基本揭示了日本式现代生活方式的基本形貌。现在，"生活革命"不仅是民俗学中的一个概念，也被广泛应用于媒体广告等社会生活中。

改革开放以来，随着我国的经济高速增长、都市化进程加剧，以及社会结构巨变，当代中国民众以衣、食、住、用、行等为核心的日常生活方式正在持续发生大规模和大面积的"生活革命"。"生活革命"可以称得上是当代中国最突出和最基本的社会事实，生活革命的发生和持续进行，不仅改变着国民的日常生活，同时也形塑了新的现代社会的"日常"。在此背景下，周星等学者倾向于以"生活革命"来阐述中国普通民众的现代日常生活方式的整体性诞生及其提升的方向性。同时，由于中日两国国情不同，虽然都采用了"生活革命"这一概念，但是关于"生活革命"的内涵还需要区别对待。

烟台开埠后所带来的烟台城市的近现代化，使那一时期烟台民众的日常生活发生了"革命"性的变化，从衣食住行到休闲娱乐，再到城市公共文化莫不如此。因此，本书借用了"生活革命"这一概念，尝试从"生活革命"的视角来阐释近现代烟台城市民俗的重构与新构。但在本书中，"生活革命"的含义更为宽泛，更倾向于将其理解为全面的生活变革，类似于周星所说的"消费革命"。

二、重构与新构：近现代烟台城市中的日常"生活革命"

布迪厄的文化再生产理论指出，文化是动态的，是不断发展变化的，始终处于不断再生产中的过程。"生活革命"视角下的烟台城市民俗变迁，就是一个文化再生产的过程。在此过程，烟台传统的民俗不断"被发明"，经过重构或新构，完成了近现代烟台城市民俗文化的再生产，其结果表现为烟台城市民俗文化的变迁。

（一）传统的发明：重构与新构

什么是传统？英国学者 E. 霍布斯鲍姆（2004）认为，"传统不是古代流传下来的不变的陈迹，而是当代人活生生的创造；那些影响我们日常生活的、表面上久远的传统，其实只有很短的历史；我们一直处于而且不得不处于发明传统的状态中，只不过在现代，这种发明变得更加快速而已"。因此，讲到传统，就必须要讲现代性。现代性与传统之间的关系错综复杂，学界一般认为二者有两种关系。一种观点是把传统和现代性视作相互对立的二元论；另一种观点则强调现代性中的传统，探讨的是现代性与传统之间绵延不绝的相互作用。

本书更赞同第二种观点，下面在此基础上探讨烟台城市民俗的变迁。郑杭生（2012）对"传统"的界定也是基于第二种观点，他认为传统有两种含义、两种用法，一种是本体论意义上的，另一种是方法论意义上的。从本体论上来看，"传统"是"实体性意义"上的传统；从方法论上来看，"传统"是"关系性意义"上的传统。两种含义都表明，"传统"是动态性的，因此不能用静止的观点来看待。正因为此，英国学者 E. 霍布斯鲍姆（2004）认为，传统是被发明出来的，"传统的发明"清晰地阐述了在现代性中如何生成传统。

传统究竟是如何被现代"发明"的？郑杭生（2008）提出，从形式上看，有自觉改造、利用、发明的，也有自发积累"发明"的；从内容上看，有两种方式非常明显，一种是现代赋予传统不同于过去的新的含义，即重构；另一种是现代创造出相应的新的传统，即新构。正如王霄冰和黄涛在《传统的复兴与发明》一书的前言中所说，我们还必须认识到，新构的传统并非固有传统的翻版，而是在新的政治和社会环境之下人为创造的文化产品。

（二）近现代烟台城市中的日常"生活革命"

正如在本书第三章中"不厌其烦"地为读者描述的那样，自开埠后，烟台的城市面貌焕然一新。商业贸易迅速发展，以新兴工业和轻工业为核心的民族实业成就斐然，烟台成为我国近代轻工业的发祥地之一，在我国近代工业史上占有一席之地；人口不断向烟台聚集，烟台城区规模不断扩大，城市管理和城市功能日益完善，烟台发展成为一个颇具现代特色的港口商埠城市。英国人阿美德在《图说烟台（1935－1936）》中对那时烟台的城市发展有很高评价，他在书中写道：

> 在此之前，这个地方还一直是个小渔村，然而现在，这里已经建立了英国、美国、日本等国家的领事馆、几百家国外贸易公司，并生活着众多在中国内地会所创办的学校读书的外国孩子，这些元素，都使得这里充满国际化的气氛。

在此语境下，绝大多数普通烟台市民的日常生活也经历了持续的"变革"，民众也被裹挟进这不可逆转的"生活革命"，在国家政府、官僚士绅、民众、"洋人"等多个主体的共同作用下，完成了"传统的发明"，实现了近现代烟台城市民俗文化的重构与新构。

1. 传统的重构：传统民俗文化的嬗变

日本民俗学者高桑守史在《人口过疏与民俗变异》中提出，民俗变迁往往容易因生产技术的革新和物质发明而引起，它们使迄今沿用的技术和生活用具等被废弃，以更有效率和更为合理的技术或器物取而代之。新的技术和器物以极快速度引起持续变化，并从物质器物层面朝社会生活层面延伸（王汝澜，2005）。在新技术的加持下，现代赋予传统不同于过去的新的含义，通过对传统的重构，引起了民俗变迁。烟台开埠后，从生产到生活，各种新技术被不断引入烟台，正如日本民俗学者高桑守史所说，烟台人很快就用新的"技术"和"器物"取代了传统的技术和生活用具，这在衣食住行等日常生活领域表现得尤为明显，这是烟台社会和烟台民众努力适应新技术革命的结果。

以服装为例，烟台本土传统的布料是用"土法"纺织而成的粗布（也叫土布），开埠后，大量洋布输入烟台，人们逐渐就以洋布取代了土布。这是因为，从舒适度和实用性方面来看，洋布用机器生产，布料细密柔软，做工精细，不仅耐穿，而且体感舒适；从颜色和美观性来看，洋布的色泽更加丰富，更加美观。但由于土布是手工纺织，因此无论是舒适性、实用性还是美观性都无法超越洋布。从服装的样式来看，烟台本土的服装是传统中式的"衣裳"，而洋装的式样更多，开埠后，由外国的侨民、传教士、海关、洋行华裔职员等引领的"洋服"（西服）时尚在民国时期已经在烟台民众中较为普及，中山装、学生装、童子军装等制服风行烟台。

女装的"革命"更为彻底，更为时尚。从发型、裙子到袜子完成了系列"革命"。在发型方面，西方的烫发染发技术传入烟台，爱美的烟台女性开始染发烫发；烟台本土是传统的土布袜子，但是随着机织袜子的普及，洋袜显然更受欢迎，特别典型的是自从 1935 年烟台新丰商行开始销售"上海精华针织厂"出品的新型真丝上等过膝袜后，这种袜子成为女性的"新宠"，于是"裙子"就越来越短，腿就越露越长，发型发色也随之洋化。甚至导致政府发布了"取缔奇装异服规定"：1936 年烟台特区公署以免伤风化为由，针对女性着装进行了详细的规定，如裙子须过膝下 4 寸、不得染黑色以外发色、不得烫头等。

除服装外，在饮食、居住、交通等各种与日常生活密切相关的方面都是如此，究其原因是人们赋予了传统生活习俗以新的意义，其动力源于人们对"永不满足的需要"孜孜不断的追求。这个新的意义是在满足了"丰衣足食"的基础上，人们对更加"美好生活"的期盼和追求。这也成为一种来自社会内部的变迁因素，而当变迁因素源自社会内部时，人们对其接受程度也是最高的，正因为烟台民众对其接受程度高，所以近现代烟台城市民俗的变迁速度快规模大，变迁的结果影响到整个烟台。

这也与英国学者 E. 霍布斯鲍姆（2004）的观点一致，他认为"在传统被发明的地方，常常并不是由于旧方式已不再有效或是存在，而是因为它们有意不再被使用或是加以调整"。在烟台城市民俗的变迁中，民俗文化的重构往往是民众自己"有意识地使自己反对传统，支持彻底改革"。

2. 传统的新构：新兴民俗文化的发明

"生活革命"可以通俗地理解为民众的"消费革命"，二十世纪五六十年代日本社会形成了"生活革命"的几个标准，如生活的西化程度、休闲消费的增加程度等。据此来考察近现代烟台民众的日常生活可以发现，那时的烟台人完成了一系列的"消费革命"，他们生活的"西化程度"与当时各大城市相比毫不逊色，他们的消费娱乐活动丰富多彩，可以毫不夸张地说，他们在现代化的城市语境中"创造出相应的新的传统"，即新构。

以"生活西化"程度为例，正如在前面民俗志中所描述的，那时的烟台是"洋人遍市区、洋货满街巷、洋味进万家"，烟台人的衣食住行等几乎全盘洋化，他们穿洋装、吃洋面、喝洋酒、饮洋水（汽水）、吸洋烟、服洋药（西药）、烧洋油（煤油）、听洋戏（留声机）、跳洋舞（交际舞），用洋灯（蜡）、洋火（火柴）、洋钱（银元）、洋井（机井）、洋布、洋碱（肥皂），哄孩子都用洋娃娃。"消费革命"改变了人们的生活，由此而引发了新兴民俗的发明。

在休闲娱乐方面，那时的烟台有俱乐部、影剧院、酒吧等最"西式"的娱乐空间。以电影院为例，最早是由英国人把电影引入烟台，英国人在烟台山开设的"月宫"电影院是烟台最早的电影院，从无声电影到有声电影，烟台的电影院数量越来越多，20世纪30年代烟台同时有至少9个电影院。看电影成为烟台人时尚的娱乐方式之一，也是烟台人新的生活方式，这也是"生活革命"的必然结果。

周星（2017）认为，"生活革命"导致在中国正日渐形成着新的现代"都市型日常生活方式"。其实，早在近现代化的烟台，已经形成了由"生活革命"而引领的"都市型日常生活方式"，其显性表现是许多新兴民俗的发明，而且很多民俗事象变迁的深度和广度远远超出了我们的想象。遗憾的是，由于时日久远，我们已经无法验证，但是从现存的各种文献资料、口述资料和文化遗迹遗产中，可以窥见那时"生活革命"之面貌。

E. 霍布斯鲍姆（2004）认为，由于社会的迅速转型削弱甚或摧毁了那些与"旧"传统相适宜的社会模式，并产生了旧传统已不能再适应的新社会模式时；当这些旧传统和它们的机构载体与传播者不再具有充分的适应性和灵活性，或是已被消除时，传统的发明会出现得更为频繁。近现代烟台城市民俗的变迁也印证了这一观点，正是由于烟台城市的近现代化带来的"场域"的改变，加剧了烟台城市民俗变迁中"传统的发明",完成了民俗文化的再生产。

需要注意的是,在近现代烟台的这场"生活革命"中,并非"一帆风顺",期间也经历了一些"坎坷"的过程,生活在烟台的外国人为我们记述并保留了些许可供参考的片段:

> 在 1905 年之前,烟台甚至连真正的黄包车服务都没有,第一辆黄包车还是从旅顺引进的。出行的时候,通常都是男人步行,女士乘坐轿子。第一次尝试将黄包车引进烟台是在 1893 年,是一名叫刘霍庭(Liu Ho Ting)的中国人从上海购买了两辆。这两辆黄包车到烟台后,雇了两名车夫在社会运营,但其中一名车夫从事这项工作没几天就打了退堂鼓,因为街上的人都嘲笑他,称他是"洋驴";另一位车夫开始还能顶住压力坚持,但后来也不得不放弃,原因是用得起黄包车的人太少了,生意冷清,此外道路状况也是非常糟糕,等等。

> (《烟台一瞥——西方视野下的开埠烟台》)

第三节　烟台城市民俗变迁中的城市精神

文化与精神互为依存,密不可分,精神蕴含于文化之中,文化是精神表现。因此,精神是文化中蕴含的推动文化不断发展的内在动力和基本观念,文化是精神的载体。于城市发展而言也是如此,城市文化和城市精神互为依存,城市文化孕育着城市精神,而城市精神是推动城市文化发展的根本动力,正因为此,不同的城市文化孕育出了不同的城市精神。美国人类学家露丝·本尼迪克特(Benedict,1935)认为,文化模式形塑着各自所辖的个体,因而城市文化也塑造着其所辖的"市民",形成了不同的"市民性",在此意义上,城市精神也是市民群体精神的一种映射。

西方学者斯宾格勒(Spengler,2022)将城市精神界定为:城市精神是一个城市的灵魂,是一个城市在向世界展示它的人文与自然风貌的同时,展现出来的独特的、内在的风韵,城市精神是这个城市中各个群体的一种主体风貌，一个地方的精神支柱①。可见，城市精神是城市的灵魂，表征着市民的理想，传承着城市的文化，彰显着城市的特色，城市精神是引导城市发展的内在动力，城市发展离不开城市精神的传承。正因为此，在中央城市工作会议中曾指出，每个城市都要"打造自己的城市精神"。

近现代的烟台城市精神与当代的烟台城市精神一脉相承，所以通过探讨近现代烟台的城市精神，有助于烟台这座城市更快更好的发展。民俗文化是城市文化的重要构成部分，通过分析与考察近现代烟台城市民俗变迁中的城市精神，必将助推当代烟台城市的发展。

本书将近现代烟台城市民俗变迁中的城市精神凝练为两个方面。

一、开拓创新

烟台作为山东最早开埠的城市，从开埠之初，到烟台城市的近现代化，以及在此语境中实践的民俗变迁，塑造出了"开拓创新"的城市精神。例如，为了对抗西方诸国的经济掠夺，1892 年民族实业家张弼士创建了我国和远东第一家葡萄酒酿酒企业——烟台张裕葡萄酿酒公司；1915 年李东山兴办了"宝时"造钟厂，使我国真正有了机械制造钟的工业。这种开拓进取和勇于创新的精神，使烟台成为我国近现代轻工业的发祥地之一；同时，这种"开拓创新"精神促使人们勇于尝试，大胆想、大胆试、大胆干，在近现代化的烟台城市语境中，主动求变，勇于求变，无论是在衣食住行等日常生活方面，还是纺织、酿酒等生产中，人们都主动融入"生活革命"，成为民俗变迁的主体。

二、开放包容

开放包容作为中华文明的一种特质，是一种解放思想、海纳百川的胸襟和心态，在近现代烟台城市的民俗变迁中，涵养出了"开放包

---

① 转引自黄茂. 城市精神的生成语境与内在理路［J］. 三明学院学报，2023，40（1）.

容"的烟台城市精神。那时的烟台人以一种极为开放的胸襟、极为解放的思想，汲取了大量西方文化元素，如洋装、洋车、洋油、洋水、洋酒、洋药、洋房等，并将其植入烟台人的日常生活，通过对"传统"的重构与"新构"，形成了新的烟台城市民俗。在那时的烟台，"包容"也体现了不同主体多元文化的需求，促进烟台城市民俗在多元中和谐共生，由此也提升了烟台的城市魅力。

"每个城市都有自己起始的基因、最初的根基"，因而岁月的变迁会更加丰富城市精神的内涵，但无法改变城市精神最初的根基，所以在近现代烟台城市民俗变迁中涵养出的"开拓创新""开放包容"的城市精神，不仅没有因为时光的流逝而消弭，反而成为当代烟台城市精神的文化基因，在传承与创新近现代烟台城市精神的基础上，丰富并发展出了"创新、拼搏、协作、包容"的当代烟台精神。

第六章　近现代烟台城市民俗变迁的思考[*]

　　如实地辨析烟台开埠与烟台城市现代化进程相容纳的一面，恰当地判断开埠作为西学东渐的"文化载体"与"思想酵母"的历史作用，不仅是科学述评开埠后烟台城市近现代发展的必需，而且是"解剖"烟台近代城市民俗变迁和文化机制不可逾越的节点。

　　不可否认，烟台开埠的初衷是帝国主义对中国侵略的需要，但又不能把开埠仅等同于侵略。自 1861 年烟台开埠后，一方面确实存在着西方列强对烟台甚至中国的经济掠夺、政治占领、文化涵化；但另一方面开埠后西方的科学技术和文明的传入又加快和促进了烟台城市的近现代化，提高了人们的生活品质和品位，使烟台城市民俗有了质的变迁，革除了一些弊俗，形成了一些新的良俗。因此，客观真实地认识烟台开埠和近现代烟台城市民俗变迁是必要的。同时，将烟台开埠及其引发的烟台城市的近现代化放置于全球化与现代化的"场域"，从全球化与现代化的视野反思近现代化烟台城市民俗变迁，这也是本书基于"宏观"视角的理论关照。

一、近现代烟台城市民俗变迁的动力：全球化与现代化

　　众所周知，生产力是一切社会发展的根源，烟台当然也是如此，

---

　　* 本章内容曾发表于《山东省社科联科研课题文集（2019－2010）》（黄河出版社，2013年），纳入本书有修改。

但区别在于，推动烟台城市近现代的主要生产力是来自外部，而非成长自烟台的内部环境。这股来自烟台外部的生产力直接源于开埠，开埠就成为烟台城市近现代的外部条件。开埠这一外部条件的介入加快和促进了烟台城市的发展，为烟台城市的近现代化提供了可能的外力，这一外力是通过帝国主义国家的入侵而对中国城市结构功能的演变及发展方向所产生的重要影响而表现出来的，这种具体的影响就是开埠以来烟台商贸活动、工业活动等经济的大发展。烟台在开埠以前基本保持着自给自足的传统封建社会的经济结构，开埠使这种经济结构受到极大的冲击，首先是对外贸易逐渐发展起来，随后城市的金融、交通运输、工业、市政建设、城市居民的思想观念也发生了变化。实质上凡此种种变化都是烟台近现代城市民俗变迁的表现，因此可以说近现代烟台城市民俗变迁的动力来自外力。

更进一步地说，这股推动近现代烟台城市民俗变迁的外力来自全球化，若就时间而言，更准确地说，应是早期全球化，早期全球化的表现是殖民主义势力的扩张。早期全球化源自早期资本主义强国争夺和扩充世界市场的种种侵略行为，这一过程伴随着军事侵略，导致烟台开埠的鸦片战争就是其中之一，但军事征服并非最终目的，最终目的是要建立一个在西方世界支配之下的世界经济体系。关于这点，在法兰克（Andre Frank）和沃勒斯坦（Immanuel Wallerstein）等人的研究中已经得到了充分证明，他们尖锐地指出，殖民主义的本质目的不在于"殖民"本身，而在于创建一个有益于西方支配非西方社会的"中心—边陲"格局和"资本主义世界体系"，在这个体系中，非西方社会成为西方支配的世界体系的组成部分。而早在15世纪之后就出现了这种格局和体系，这一体系使世界不同的民族文化进入一个空前一体化的局面，可以将之理解为全球化。

随着这种世界格局和体系的形成，清末时期，随着西方列强用坚船利炮打开中国的国门，中国也被迫裹挟进这一"资本主义世界体系"。在这一时期，烟台因为其地理位置和良港的"优势"，被推到了开埠通商的前沿，由此也被置于全球化的体系之中。而随着殖民主义从军事征服转变为经济征服和文化霸权，在外来文化冲击下，文化变迁就成为必然。

美国学者施坚雅（G. William Skinner）关于中华帝国晚期城市的研究对此颇有启发意义，按照他的研究，烟台这种城市的重要意义在于它是处于市场体系中的城市，而烟台在市场体系中的重要性是"在运输网络中的地位"，在此意义上，"码头扮演中心地的角色"。正因为此，烟台因为港口优势而被选中作为开埠口岸，开埠后随着烟台商贸的迅速发展，烟台也被迅速卷入世界资本主义体系，世界资本主义体系的特征之一就是内部联系、交换和商品流通的依赖性，开埠后的烟台恰恰如此，表现出对资本主义市场的极大依赖性，在此过程中，烟台经历了从被动裹挟进入到主动融入全球化的市场。烟台对世界市场的依赖程度越深，全球化的程度就越深，最终烟台发展成为全球化场域中的一部分。

经济与文化是相伴而存的，并且交互渗透，经济的就是文化的，这就是烟台城市民俗变迁的直接动力，经济全球化必然伴随文化的全球化。在全球化的过程中，烟台乃至中国处于边缘地区，在文化上属于弱势文化，西方等国处于核心地区，在文化上属于强势文化。而随着烟台经济向全球化靠拢，烟台的文化必然也会被西方的强势文化所濡染或同化，文化向全球化靠拢也势在必行，这就是烟台城市民俗变迁的语境。在此语境下，烟台城市民俗实现了变迁，其变迁结果是逐渐向全球化靠拢，形成了近现代烟台城市民俗。

当历史发展至今，我们可以站在历史的这端审视当时的早期全球化及其带来的烟台城市和民俗的一系列变迁：一方面，不能否认早期殖民主义带给烟台本土社会乃至整个中国的侵害与伤害；但另一方面，也要客观看待伴随着侵略和早期全球化带来的现代化的生活变革。人民的精神文明有了大大的提高，生活方式以及娱乐享受也有很大的改进，为人们衣食住行、生产生活等方面带来了便利，提高了人们的生活质量和品位，代表现代化的新事物不断涌现，使烟台向着现代化大都市迈进。烟台呈现一派欣欣向荣的气氛，正如阿绮波德·立德（Lide，2014）所言"在欧洲人的作用下，烟台成为一个超级俱乐部——富有、凉爽、通风效果好，最大的特点就是思想开放"。

当烟台被迫进入"资本主义世界体系"后，经济征服和文化霸权已经成为殖民主义的核心诉求，因此，在与西方各种技术、文化的长期接触过程中，烟台也走向了现代化。关于什么是现代化，有多种不同的界定，周大鸣（2007）理解的现代化是"发展中的社会追求发达工业社会的一些普遍特征，引起整个文化和社会经济的变迁"。开埠后，烟台的现代化与此界定基本契合。烟台这个"传统社会在试图工业化的同时"，在经济、文化、社会各个方面都发生了"一连串变迁"，而且其变迁模式与 J. 斯梅尔舍的观点高度一致。J. 斯梅尔舍（2007）认为现代化的过程有四个特点：第一，变迁是由简单与传统的技艺改变成科学知识与技术的应用；第二，农业由小规模的基本农耕变成大规模的商业式耕作；第三，工业由人力、畜力改变为用机器的生产，产品用于交换；第四，社会由以农村为主改变到以都市为中心①。本书在第三章中的分析与叙述，因受研究对象限制而没有涉及农业外，已充分证明了开埠后烟台的现代化至少具备了这四个特点中的三个。

在关于现代化的理论探讨中，20 世纪 50 年代的美国学者将现代化界定为"西化"或"西方化"，也有学者用"文化帝国主义"来形容这种现代化理论，这种理论自诞生之日就受到了猛烈批判，本书也不赞同这种"西化论"的现代化观点。就中国的现代化而言，绝不是全盘照搬西方社会的现代化，而是"中国式现代化"。

但需要认识到的是，在开埠后近现代烟台的现代化中，至少是在与人们日常生活密切相关的民俗文化变迁中，各种民俗事象都带有浓郁的"西化"色彩，人们用了一个"洋"字来形容这一现象，那时的烟台"洋气十足"。关于这点，在本书第五章的民俗志中已有详细书写。

二、近现代烟台城市民俗变迁中的自我建构

近现代烟台城市民俗变迁的主体是烟台人，他们原是渔民，共同构成了一个公众意义上的社区，而随着烟台殖民化的到来，烟台的殖

---

① 参考：周大鸣 . 人类学导论［M］. 昆明：云南大学出版社，2007：287.

民遭遇也为这个传统封闭的社区带来新的文化模式，新的文化模式把所有人整合成了一个新的整体。在这一新的整体中，烟台人在新的文化模式指导下，经过不断地自我建构，最终实现了烟台城市民俗的新变迁。而自我建构是与文化认同并行的，在新的城市民俗建构的过程中，经历了从个人的文化认同到整个社区的文化认同的过程。烟台地处山东边陲，就文化而言，处于鲁文化圈的边缘，文化负担最轻，这在一定程度上确实加速了烟台人对新的西方文化的认同。

烟台城市民俗变迁首先源于烟台开埠和开埠后烟台在政治、经济、城市建设等一系列方面的发展，其中尤其重要的是经济因素的注入，因为"经济因素现在化入了文化因素，文化因素化入了经济因素"，换言之，"文化是最大的经济，而经济是最大的文化"。这也是全球化时代的一种普遍主义论述，烟台城市民俗变迁就是这种普遍主义论述的具体个案。举凡烟台的商业习俗、交通习俗、衣食生活习俗、婚丧习俗、教育习俗等都是近现代烟台城市经济发展的具体表现，成为近现代烟台城市经济发展的一部分。正是由于开埠后带来了烟台商贸的极度繁荣，烟台市场上充斥着的日用消费品有90%以上是洋货，烟台人穿洋装、喝洋酒、用洋油、看洋戏、上洋学堂、说洋话等，久而久之便成为一种普遍的文化现象，成为一种新的民俗。在开埠后的近现代烟台，经济和文化已经最大限度地在对方的领域实现了自己，依此所形成的新的烟台城市民俗是经济因素在潜意识层面上造成的震惊，是近现代烟台城市经济通过文化产生新的生活、自我的一系列遐想。

而当经济变成一种文化现象时，文化也变成了一种经济性的市场的现象，或者说，经济和文化之所以能够在彼此的领域实现对等，其根本原因在于市场，在这里，经济市场就是文化市场。在经济市场中大量销售洋货，其结果就是形成了文化上的市场，烟台人需要这些洋的文化，他们生病了需要去洋人的医院看病，休闲时需要去看洋戏洋电影，穿衣时需要用洋布，照明时需要洋蜡洋油和电灯，住房子也需要住洋房，出门时需要坐洋车，结婚时要办洋婚礼……这就是文化市场，文化市场的形成和繁盛则标志着烟台新的城市民俗的形成。

虽然经济因素现在化入了文化因素，但是这种"现在化"是一种必要的客观条件，文化变成一种经济性的市场现象还需要基于文化差异而形成的文化认同，而烟台新的城市民俗的最终形成是基于此文化认同的自我建构。

第一，文化认同的前提条件是文化的差异性。烟台开埠后，随着西方传教士、洋商和洋货的大量进入及其进入后的一系列活动，中西文化在烟台实现了对视。在对视中，中西文化的差异性表露无遗。从文化价值观来看，中国自古以来就有"夷""夏"之分，其依据是野蛮与文明之别，长期以来因其灿烂的封建文化始终处于领先地位而逐渐形成一种华夏文化优于周边及一切外国文化的"民族中心主义"的思维模式。烟台人也不例外，大家不理解洋人的风俗习惯，在他们看来西方人的行为举止很怪异，不符合伦理常规，他们在本地人的分类体系中的定位仍然是"边缘人"。再具体些来说，他们是"鬼"而非"人"，所以才有"洋鬼子"一说。洋鬼子的文化怎么能和人的一样呢？其差异性不言而喻，在当地人看来，洋鬼子们不仅缺乏上下尊卑等级秩序和观念，在男女地位上也和中国社会的固有观念全然相反，家庭中父母地位没有中国式的家长权威，子女对父母也不如中国那般唯命是听，一反"父为子纲，夫为妻纲"的中国式伦理规范及所要求的道德，完全是一个纲常紊乱、等级混淆的社会。这使烟台当地人认识到他们和我们是非常不同的，他们和他们的生活方式、习惯等一切对我们而言都是陌生的。

第二，文化认同是一个由生而熟的过程，从生到熟的过程也是寻找两种不同文化结合点的过程。更具体地说，文化认同的关键在于"主体与历史和文化叙事遭遇时形成的不稳定结合点"，在寻找结合点时，烟台城市民俗的变迁应以文化叙事为参照来确定认同位置，此处的文化叙事则是开埠后烟台城市发展变化这一叙事场域。在这一叙事场域中，烟台的新旧城市民俗展开一种文化在场与缺场的较量，他们在争夺、控制文化叙事的话语权，最终结果是在烟台城市近现代的叙事场域中，新的城市民俗找到了与新的城市生活的结合点，找到了与西方各种文明的结合点，最终控制了话语权，形成了新的城市民俗。

结合点的寻找过程就是烟台本地人对"洋鬼子"和"洋文化"由

生而熟的过程，在这个过程中有恐惧有冲突，但最终成为学习模仿的对象。一方面，"洋鬼子"是来自不可知的外部世界的陌生人，或者说是"大门口外的陌生人"，这群陌生人引起的恐惧是无与伦比的，他们无法摘掉"鬼"的面具，对他们的文化更是恐惧之至，同时也鄙视之至。例如，1864年入华的美国长老会狄考文，他在写给国内差会总部的一封信中曾这样谈到自己的一次旅行：

> 我们每人雇一头驴驮着我们的行李和书籍，而我们自己则步行走街串镇，在街头宣讲福音。我用这样的方法先后在90个村庄里布道……我们得花相当长的时间招揽听众。有一次我费了很大劲也没有找到一个人听讲。很多人看见了我们，但只匆匆走过，并不停下来。一个男孩大着胆子询问我们从哪里来，但立刻受到旁边正干活的一个男子的训斥。我和助手坐下等了半个小时，最后只好转向其他村子。
>
> 每到一个村庄，我们的耳边就充满"洋鬼子"的喊声……
>
> （《郭显德牧师行传》）

显然，当时烟台本地人对他们是以恐惧为主，文化交流中以冲突为主。

另一方面，同是作为外来者和陌生人，"鬼"越是令人恐惧，"神"就相应地越具有威力。在中国人的某些观念中，只要他是统治者，他就是"神"。在社会空间上而言，"神"几乎都是外来的，是高高在上的，这些"神"也无一例外地戴着"鬼"的面具。烟台本地社会对那些"大门口外的陌生人"的态度也是如此，如果他是慈祥的捍卫者和赐福者，他就是"神"，否则就是残暴的、具有侵犯暴力的"鬼"。而当烟台本土社会和外来的陌生人日益熟悉，这些外来的陌生人在烟台设学校让孩子们免费上学，办医院方便人们就医，还教会人们学习编发网、花边各种技艺，并把美国的大花生、草莓等农作物引进烟台，这些都是赐福于民的好事，他们作为统治者也行使了"神"的职能。当这些历史情境发生改变时，烟台的本地社会就为洋鬼子摘掉了"鬼"的面具，"驱鬼纳神"，本土文化也为"大门口外的陌生人"换上了"神"的面具。洋鬼子由"鬼"而"神"，显然是实用主义起了关键作用，"洋鬼子"提供并维持了人们对公共福利的想象，而这些公共福利是国家无力或者无法提供的。烟台本地人逐渐明白了，"洋鬼子"原来也懂礼仪，在某种意义上，他们甚至比"中国人"懂得更多，既然如此，当然要学习模仿了，"洋鬼子"和他们的文化最终成为模仿学习的对象。

至此，我们发现中西文化的"结合点"，或者说烟台新旧城市民俗文化在场与缺场的较量其实就是实用主义的较量，哪些文化更有利于改善和方便人们的生活，人们就选择或认同哪些文化。显然，在这场较量中，"洋鬼子"和他们的文化具有明显优势，并最终夺得了话语权。这就是通过差异，借助对立的两极或极端状态来认识自我、界定自我的由生而熟的过程。需要指出的是，以文化叙事为参照的认同建构总是具有心理、文化、政治意义上的不稳定性和长期性，是一个结构的过程。

第三，烟台城市民俗是在文化认同基础上的自我建构。在文化认同基础上的自我建构可分为两个层次。

一是承认、尊重并宽容地对待外来文化，主动吸收与融合外来文化中对于烟台本地人有益的因素。开埠后，烟台山洋人居住区的路面用水泥硬化后，不仅使道路变得干净而且方便了人们的生活，于是烟台市区的道路大量被硬化，并修建了很多"洋灰道"；1918 年仁德洋行把自行车引进烟台，烟台人称之为"不吃草的驴"，到 1936 年左右，骑自行车的男女青年遍布烟台大街小巷；洋人关心个人健康，要求有良好的卫生习惯，开埠后烟台的洗浴业便迅速发展起来，并且有专门的女子浴室；由于洋人的电灯照明比煤油灯卫生亮堂，开埠后烟台的电灯总数由民国三年（1914 年）的 6928 盏增至民国十二年（1923 年）的 24677 盏，平均每年增加 1970 余盏[①]。一旦烟台本土人认同了西方文化和文明，就会主动地减少不同文化间的对抗，并以西方文明为参照，建构起近现代烟台城市民俗。而新出现的各种民俗文化在名字上一律被冠以"洋"字，突出地体现了中西民俗文化的不同，如烟台人

---

① 烟台市工商联、民建会史料工作委员会. 烟台工商史料第 1 辑 [M].1986：46.

吃的是洋面，喝的是洋酒，饮的是洋水（汽水），吸的是洋烟，有病服的是洋药（西药），照明用的是洋油（煤油）、洋灯和洋蜡，点灯、引火用的是洋火（火柴），购物用的是洋钱（银元），用水有洋井（机井），做衣服用的是洋布，洗衣服用的是洋碱（肥皂），娱乐听的是洋戏（留声机）、跳的是洋舞（交际舞），唱歌用的是洋嗓子（西洋发声），连哄孩子都用上了洋娃娃……一个"洋"字将新旧对比表露无遗。

　　二是为避免在强势文化与弱势文化的不平等交流中被同化、吞噬、消弭的危险，烟台近现代城市民俗的建构是有选择、有步骤、有限度地引进外来文化，最先或者主要引进的是基础设施和物质层面的文化元素，由此实现了文化认同的本土化。烟台本土社会对西方文化的认同是有选择的，并非简单的"拿来主义"。例如，在语言方面，当时烟台洋人遍地林立，洋话遍布全城，还开设专门的英语学校，但烟台人还是以烟台本土语言为主，鲜有人说洋话，保持了语言文化的本土化，也避免了西方殖民主义的文化入侵。在婚俗嫁娶习俗和节日习俗方面也是如此，烟台本土社会只是有选择地借鉴吸收能够改善民计民生的西方文化文明，从而实现了全球化过程中的地方化。因此，开埠后烟台的语言习俗、节日习俗和人生礼仪习俗等并未发生本质性的变革，而这也使开埠后的烟台呈现出了两面性：一方面"洋"气十足，包含许多现代质素；另一方面又被传统氛围深深笼罩，包含许多传统元素。实质上，传统与现代杂陈正是近现代烟台城市的独有风貌，从中也折射出了烟台这座城市近现代化的痕迹，但是这种变化在多大程度上、在哪些方面改变了城市居民的生活，还需要进一步的探讨。

参 考 文 献

［1］阿美德（A. G. Ahmed）. 图说烟台（1935－1936）［M］. 陈海涛，刘惠琴，译注. 济南：齐鲁书社，2007.

［2］阿绮波德·立德. 穿蓝色长袍的国度［M］. 陈美锦，译. 北京：译林出版社，2014.

［3］安家正. 呼唤《烟台开埠史》［J］. 烟台教育学院学报，2003（1）：7－8，13.

［4］本报评论员. 行动起来，弘扬烟台精神［N］. 烟台日报，2007－05－21（002）.

［5］卜宪群. 习近平的历史借鉴观与中华优秀传统文化［J］. 紫光阁，2018（3）：53－55.

［6］布正伟. 创作视界论：现代建筑创作平台建构的理念与实践［M］. 北京：机械工业出版社，2004.

［7］蔡丰明. 城市语境与民俗文化保护［J］. 山东社会科学，2011（5）：38－41，47.

［8］蔡丰明. 上海城市传统民俗文化空间［J］. 民间文化论坛，2005（5）：40－44.

［9］蔡丰明. 上海城市民俗文化遗产的保护［J］. 社会观察，2005（2）：41－43.

［10］蔡丰明. 上海城市民俗文化遗产的传承机制及主要形式［J］. 徐州工程学院学报（社会科学版），2009，24（5）：67－71.

［11］蔡劲松. 以文化自信自强谱写中国式现代化文化长卷［J］. 人民论坛，2022（22）：37－39.

［12］仓石忠彦，郭海红．城市民俗学的方法［J］．民俗研究，2009（1）：18－21．

［13］陈海涛，刘惠琴．烟台一瞥：西方视野下的开埠烟台［M］．济南：齐鲁书社，2015．

［14］程洁．城市民俗圈理论及其与城市文化分层的关系［J］．学术月刊，2011，43（6）：98－102，106．

［15］程鹏．都市民俗学与民俗学的现代化指向［J］．民间文化论坛，2014（4）：51－59．

［16］川部裕幸，郭海红．传染病的都市民俗——江户"天花文化"初探［J］．民间文化论坛，2021（2）：16－27．

［17］崔新建．文化认同及其根源［J］．北京师范大学学报（社会科学版），2004（4）：102－104，107．

［18］邓云．传教士对烟台近代化发展的意义［J］．鲁东大学学报（哲学社会科学版），2007（3）：23－25．

［19］邓云．近代美北长老会在烟台的活动及影响初探［J］．读与写（教育教学刊），2008（10）：90＋95．

［20］邓云．近代烟台的外国教会与传教士的早期布道活动［J］．赤峰学院学报（汉文哲学社会科学版），2010，31（2）：31－32．

［21］邓云．开埠对近代烟台社会的影响探析［J］．西安社会科学，2009，27（2）：90－91．

［22］邓云．来华传教士与近代烟台社会变迁［D］．武汉：华中师范大学，2005．

［23］邓云．浅析近代来华传教士对烟台社会变迁的影响［J］．湖州职业技术学院学报，2008（2）：79－82．

［24］董建霞．近代山东开埠与区位分析［J］．济南大学学报（社会科学版），2007（6）：25－28．

［25］董莎莎，赵祥庆．试论烟台市开埠文化旅游的发展潜力与机遇［J］．中国经贸导刊，2016（35）：102－103．

［26］董晓萍．北京城市用水的民俗学研究［J］．北京联合大学学报（人文社会科学版），2009，7（1）：84－88．

［27］E. 霍布斯鲍姆，T. 兰杰 . 传统的发明［M］. 顾杭、庞冠群，译 . 南京：译林出版社，2004.

［28］范可 . 关于当下文化变迁的理论反思［J］. 民族研究，2022（3）：69 - 80，140.

［29］方川 . 中国城市民俗特征论［J］. 民俗研究，1998（1）：18 - 22.

［30］冯尔康 . 社会史从"社会生活"到"日常生活"研究的学术意义——读常建华教授"日常生活"论文感想［J］. 河北师范大学学报（哲学社会科学版），2022，45（1）：35 - 38.

［31］冯桂林 . 都市民俗特征刍议［J］. 江汉论坛，1994（2）：41 - 43.

［32］傅永军 . 现代性与传统——西方视域及其启示［J］. 山东大学学报（哲学社会科学版），2008（2）：8 - 15.

［33］高小康 . 都市发展与非物质文化遗产传承［M］. 北京：北京大学出版社，2009.

［34］高小康 . 霓虹下的草根：非物质遗产与都市民俗［M］. 南京：江苏人民出版社，2008.

［35］葛晓茜 . 烟台城市近代化的历史考察［D］. 济南：山东大学，2008.

［36］弓昭民 . 党的十八大以来中华优秀传统文化教育创新研究［D］. 长春：东北师范大学，2022.

［37］顾长声 . 从马礼逊到司徒雷登［M］. 上海：上海书店出版社，2005.

［38］管勤积，杨焕鹏 . 近代以来烟台天后信仰与城市社会空间变迁［J］. 民俗研究，2011（2）：155 - 164.

［39］郭海红 . 日本城市民俗学研究述略［J］. 世界民族，2009（4）：55 - 60.

［40］胡树志 . 中国近代建筑总览——烟台篇［M］. 北京：中国建筑工业出版社，1992.

［41］黄景春 . 都市传说中的文化记忆及其意义建构——以上海龙

柱传说为例 [J]. 民族艺术，2014 (6)：111 –117.

[42] 黄茂. 城市精神的生成语境与内在理路 [J]. 三明学院学报，2023，40 (1)：52 –58.

[43] 菅丰，陈志勤. 城市化·现代化所带来的都市民俗文化的扩大与发展——以中国蟋蟀文化为素材 [J]. 文化遗产，2008 (4)：105 –111.

[44] J. H. 布鲁范德，张建军，李扬. 都市传说类型索引 [J]. 民间文化论坛，2016 (3)：53 –70.

[45] 交通部烟台港务管理局. 近代山东沿海通商口岸贸易统计资料 [M]. 北京：对外贸易教育出版社，1986.

[46] 金延铭.《马关条约》烟台换约考 [J]. 鲁东大学学报（哲学社会科学版），2009，26 (6)：26 –29.

[47] 鞠熙. 城市日常生活实践的自愈与回归——民俗传承变迁路径的第四种解释 [J]. 北京师范大学学报（社会科学版），2018 (4)：69 –76.

[48] 凯文·莱恩·凯勒. 战略品牌管理 [M]. 卢泰宏、吴水龙，译. 北京：中国人民大学出版社，2009.

[49] 凯文·林奇. 城市意象 [M]. 方益萍、何晓军，译. 北京：华夏出版社，2017.

[50] 克莱德·M. 伍兹. 文化变迁 [M]. 何瑞福，译. 石家庄：河北人民出版社，1989.

[51] 李金铮. 小历史与大历史的对话：王笛《茶馆》之方法论 [J]. 近代史研究，2015 (3)：121 –133.

[52] 李军. 晚清烟台东海关税收及其结构分析（1861 –1911 年）[J]. 鲁东大学学报（哲学社会科学版），2006 (3)：15 –18.

[53] 李可勤，李晓峰. "休闲"视野里的传统精神与现代设计——关于城市公共休闲空间 [J]. 新建筑，2000 (6)：8 –11.

[54] 李硕. 翦商：殷周之变与华夏新生 [M]. 桂林：广西师范大学出版社，2022.

[55] 李晓飞. 烟台开埠记忆 [M]. 烟台：黄海数字出版社，

2009.

［56］李孝悌．恋恋红尘：明清江南的城市、欲望和生活［M］．桂林：广西师范大学出版社，2022.

［57］李扬，张建军．都市传说分类方法述论［J］．文化遗产，2016（3）：120－127，158.

［58］连敬斋．郭显德牧师行传［M］．上海：上海广学会出版，1940.

［59］连心豪．清末民初龙口开埠设关论略［J］．鲁东大学学报（哲学社会科学版），2009，26（1）：25－31.

［60］刘慧．济南与烟台城市早期现代化比较研究［D］．济南：山东师范大学，2008.

［61］刘慧．外力对近代济南与烟台发展影响之比较［J］．泰安教育学院学报岱宗学刊，2007（3）：68－69.

［62］刘精一．烟台概览［M］．烟台：复兴印刷书局1937.

［63］刘玫．浅论烟台的近代商业贸易［J］．鲁东大学学报（哲学社会科学版），2010，27（1）：36－40.

［64］刘沙．博物馆场域中符号权力与公共性理念的张力——基于布迪厄文化再生产理论的考察［J］．东南文化，2022（1）：165－170.

［65］刘云．城市地标保护与城市文脉延续［D］．北京：中央美术学院，2015.

［66］露丝·本尼迪克．文化模式［M］．王炜，等译．北京：社会科学文献出版社，2009.

［67］罗伯特·F.墨菲．文化与社会人类学引论［M］．王卓君，等译．北京：商务印书馆，1991.

［68］罗新．漫长的余生：一个北魏宫女和她的时代［M］．北京：北京日报出版社，2022.

［69］马金智．近代烟台教会教育研究（1861－1949）［D］．济南：山东大学，2008.

［70］马克斯·韦伯．经济与社会（上卷）［M］．林荣远，译．北京：商务印书馆，1997.

[71] 马林诺夫斯基. 西太平洋上的航海者 [M]. 梁永佳、李绍明，译. 北京：华夏出版社，2002.

[72] 明海英. 探索民俗学的"日常生活"转向 [N]. 中国社会科学报，2018 - 08 - 06（001）.

[73] 莫玥. 民俗视角下的南宁历史片区城市记忆研究 [D]. 长沙：湖南大学，2016.

[74] 彭泽益. 中国近代手工业史资料（1840 - 1949）[M]. 北京：三联书店，1957.

[75] 曲春梅. 近代胶东商人与地方社会研究 [D]. 济南：山东大学，2009.

[76] 曲德顺，胡沂树，胡树志. 图说烟台老洋房 [M]. 北京：中国文史出版社，2020.

[77] 曲凯音. 乡土文化变迁与文化生态建设：民族地区五村落实证调查 [M]. 北京：人民出版社，2017.

[78] 曲拯民. 烟台旧事——曲拯民回忆录（烟台地情资料系列丛书）[M]. 2006：283.

[79] 任志强. 中国都市传说研究：理论与实践 [J]. 民间文化论坛，2015（6）：77 - 84.

[80] 山东省烟台市商业局史志办公室. 烟台市商业志（1861 - 1985）[M]. 1987.

[81] 山曼. 齐鲁之邦的民俗与旅游 [M]. 北京：旅游教育出版社，1995.

[82] 石会辉. 民国时期山东商业历史考察（1912 - 1937）[D]. 南昌：南昌大学，2008.

[83] 索淑婉. 浅析近代烟台对外贸易的兴衰及其原因 [J]. 聊城大学学报（社会科学版），2008（2）：321 - 322.

[84] 谭鸿鑫. 老烟台春秋 [M]. 2002.

[85] 谭鸿鑫. 老烟台影览 [M]. 1996.

[86] 唐家路，崔研因. 晚清民国时期的烟台抽纱花边业 [J]. 城市史研究，2019（2）：130 - 143.

[87] 陶思炎. 都市民俗学体系与都市民俗资源保护 [J]. 安徽师范大学学报（人文社会科学版），2004（2）：195－198.

[88] 滕松梅. 抗战前烟台市民构成分析 [D]. 济南：山东大学，2008.

[89] 汪欣. 文化变迁视域下非物质文化遗产涵化现象初探 [J]. 中国非物质文化遗产，2023（1）：103－108.

[90] 王迪. 茶馆：成都的公共生活和微观世界（1900－1950）[M]. 北京：北京大学出版社，2021.

[91] 王迪. 街头文化：成都公共空间、下层民众与地方政治（1870－1930）[M]. 北京：商务印书馆，2012.

[92] 王焕理. 老烟台风情 [M]. 北京：中国文史出版社，2004.

[93] 王建波. 烟台城市空间形态的演变 [D]. 上海：同济大学，2006.

[94] 王娟. 校园民俗 [J]. 民俗研究，1996（1）：1－7.

[95] 王磊. 开埠地文化遗产的活化创新研究——以烟台绒绣为例 [J]. 中国包装，2022，42（9）：72－76.

[96] 王陵基修. 福山县志稿 [M]. 民国二十年铅印本.

[97] 王露彤，李凤霞，魏昊. 烟台开埠文化资源开发路径探析 [J]. 边疆经济与文化，2021（8）：81－84.

[98] 王铭铭. 文化变迁与现代性的思考 [J]. 民俗研究，1998（1）：1－14.

[99] 王汝澜，等. 域外民俗学鉴要 [M]. 银川：宁夏人民出版社，2005.

[100] 王赛时. 山东海疆文化研究 [M]. 济南：齐鲁书社，2006.

[101] 王守中，郭大松. 近代山东城市变迁史 [M]. 济南：山东教育出版社，1999.

[102] 王伟光. 坚定文化自信　传承和弘扬中华优秀传统文化 [J]. 求是，2016（24）.

[103] 王霄冰，陈科锦. 民俗志的历史发展与文体特征 [J]. 民俗研究，2022（6）：94－107＋155－156.

［104］王霄冰，邱国珍．传统的复兴与发明［M］．北京：知识产权出版社，2011.

［105］王晓光，马文生，王元令．烟台市纺织志（1858－1985）［M］.1988.

［106］王晓葵．现代日本社会的"祭礼"——以都市民俗学为视角［J］．文化遗产，2018（6）：83－90.

［107］王晓妮．对烟台朝阳街历史街区价值认定及开发利用的思考［J］．文物世界，2019（3）：49－52，64.

［108］王欣东．外来文化对中国都市传统民俗的影响及其原因［J］．广西民族大学学报（哲学社会科学版），2009，31（S1）：47－49.

［109］王妍红．美国北长老会与晚清山东社会（1861－1911）［D］．武汉：华中师范大学，2014.

［110］卫才华．社会变迁的民俗记忆：以近代山西移入民村落为中心的考察［M］．北京：中国社会科学出版社，2013.

［111］魏泉．裂变中的传承：上海都市传说［J］．民俗研究，2013（3）：136－143.

［112］吴存浩．城市民俗文化与农村民俗文化差异论［J］．民俗研究，2004（4）：31－44.

［113］萧放．中国历史民俗学的理论与方法论纲［J］．北京师范大学学报（社会科学版），2010（2）：32－40.

［114］辛俊玲．近代烟台教会学校述论［J］．烟台大学学报（哲学社会科学版），2000（2）：222－226.

［115］徐赣丽．城市化背景下民俗学的"时空转向"：从民间文化到大众文化［J］．学术月刊，2016，48（1）：117－126.

［116］徐赣丽．当代民俗传承途径的变迁及相关问题［J］．民俗研究，2015（3）：29－38.

［117］徐赣丽．迈向现代民俗学——都市文化研究的新路径［M］．北京：中国社会出版社，2020.

［118］徐金龙，林铭豪．民间表达与塑造：都市传说经久不衰的生命力——以广州"荔湾尸场"传说为例［J］．长江大学学报（社会

科学版），2021，44（2）：32－36.

［119］徐锦江，包亚明．城市民俗：时空转向与文化记忆［M］. 上海：上海远东出版社，2021.

［120］徐黎明，李爱芹，赵彬．开放环境下的近代烟台城乡关系 ［J］．山东工商学院学报，2009，23（6）：39－44，65.

［121］徐双华．晚清烟台贸易的发展及其衰落原因分析（1863－ 1911年）［D］．厦门：厦门大学，2009.

［122］许连军，李云安．全球化背景下都市民俗研究对象变迁论 ［J］．湖南文理学院学报（社会科学版），2006（3）：92－95.

［123］烟台地方史志办公室．老烟台街巷［M］.1999.

［124］烟台港史（古、近代部分）［M］．北京：人民交通出版社， 1988.

［125］烟台市档案馆．烟台档案史料丛书第三辑——烟台城市记 忆（1861－1936）［M］.2009.

［126］烟台市地方史志编纂委员会办公室．烟台市志［M］．北京： 科学普及出版社，1994.

［127］烟台市工商联，民建会史料工作委员会．烟台工商史料第1 辑［M］.1986.

［128］烟台市工商业联合会．烟台市工商业联合会志［M］．北京： 中国文史出版社，2012.

［129］烟台市建筑材料工业局．烟台市建材工业志（1800－1985） ［M］.1990.

［130］烟台市交通局史志办公室．烟台市交通志（1840－1985） ［M］．北京：科学普及出版社，1993.

［131］烟台市邮电局史志办公室．烟台邮电志［M］.1990.

［132］烟台市政协文史资料委员会，烟台市文史资料编辑部．烟 台市文史资料第4辑［M］.1985.

［133］烟台市政协文史资料委员会，烟台市文史资料编辑部．烟 台市文史资料第15辑［M］.1991.

［134］烟台市政协文史资料委员会，烟台市文史资料编辑部．烟

台市文史资料第 16 辑 ［M］. 1992.

　　［135］烟台市政协文史资料委员会，烟台市文史资料编辑部. 烟台市文史资料第 21 辑 ［M］. 1996.

　　［136］烟台卫生志编委会. 烟台卫生志（612 – 1985）［M］. 1987.

　　［137］烟台文化志编纂委员会. 烟台文化志 ［M］. 北京：人民出版社，1999.

　　［138］严中平，等. 中国近代经济史统计资料选辑 ［M］. 北京：中国社会科学出版社，2012.

　　［139］岩本通弥，蒋鲁生. 日本都市民俗 ［J］. 民俗研究，2000（4）：75 – 85.

　　［140］颜芳. 新时期涵养城市精神的路径选择——以湖北省宜昌市为例 ［J］. 湖北职业技术学院学报，2022，25（3）：9 – 13.

　　［141］杨兰. 从"海防所城"到"滨海名城" ［D］. 北京：中央美术学院，2006.

　　［142］余欢. 文化再生产视角下的旅游目的地文化变迁研究——以厦门市曾厝垵村为例 ［J］. 理论界，2019（2）：66 – 72.

　　［143］岳永逸. 近代都市社会的一个底边阶级——北京天桥艺人的来源、认同与译写 ［J］. 民俗研究，2007（1）：92 – 120.

　　［144］岳永逸. 中国都市民俗学的学科传统与日常转向——以北京生育礼俗变迁为例 ［J］. 云南师范大学学报（哲学社会科学版），2018，50（1）：76 – 87.

　　［145］詹小美，王仕民. 文化认同视域下的政治认同 ［J］. 中国社会科学，2013（9）：27 – 39.

　　［146］张敦福. 都市传说初探 ［J］. 民俗研究，2005（4）：131 – 145.

　　［147］张敦福，魏泉. 解析都市传说的理论视角 ［J］. 民间文化论坛，2006（6）：24 – 29.

　　［148］张鸿雁. 城市文化资本论（第二版）［M］. 南京：东南大学出版社，2010.

　　［149］张旭东. 全球时代的文化认同 ［M］. 北京：北京大学出版

社，2006.

[150] 赵彬.近代烟台贸易与城乡关系变迁 [J].山东师范大学学报（人文社会科学版），2002（2）：78-81.

[151] 赵丙祥.心有旁骛 [M].北京：民族出版社，2008.

[152] 赵海涛.美国在烟台的传教事业 [D].济南：山东师范大学，2007.

[153] 赵世瑜.历史民俗学 [J].民间文化论坛，2018（2）：125-128.

[154] 赵世瑜.鸣沙·猛将还乡：洞庭东山的新江南史 [M].北京：社会科学文献出版社，2022.

[155] 郑博，郭伟亮.烟台开埠与西方列强对烟台的侵略和掠夺 [J].山东档案，2003（6）：45-46.

[156] 郑杭生.论"传统"的现代性变迁——一种社会学视野 [J].学习与实践，2012（1）：2-12.

[157] 郑杭生.论现代的成长和传统的被发明 [J].天津社会科学，2008（3）：64-68.

[158] 郑千里.烟台要览 [M].烟台：胶东新报社，1923.

[159] 支军.开埠后烟台城市空间形态变迁探析 [J].烟台职业学院学报，2007（2）：28-32，80.

[160] 支军.开埠后烟台城市空间演变研究 [M].济南：齐鲁书社，2011.

[161] 芝罘区商业局史志办公室.芝罘商业志 [M].1987.

[162] 中村贵.通往"新都市民俗学"之路——从日本都市民俗学及其问题谈起 [J].华东师范大学学报（哲学社会科学版），2021，53（1）：102-106，172.

[163] 中国人民政治协商会议烟台市委员会文史资料研究委员会.烟台文史资料第4辑 [M].1989.

[164] 中国人民政治协商会议烟台市芝罘区委员会，科教文卫体和文史资料委员会.《老烟台志书》专辑（芝罘文史资料第十九辑）[M].2021.

［165］中国人民政治协商会议烟台市芝罘区委员会文史资料委员会．芝罘文史资料第九辑——教育专辑［M］.1997.

［166］中国人民政治协商会议烟台市芝罘区委员会文史资料委员会．芝罘文史资料第十四辑——芝罘印象（烟台开埠）［M］.2010.

［167］周大鸣．人类学导论［M］．昆明：云南大学出版社，2007.

［168］周星．关注世事变迁、追问"生活革命"的民俗学［J］.民间文化论坛，2022（1）：5－25.

［169］周星．生活革命、乡愁与中国民俗学［J］.民间文化论坛，2017（2）：42－61.

［170］周星．"生活革命"与中国民俗学的方向［J］.民俗研究，2017（1）：5－18，157.

［171］庄维民．近代山东市场经济的变迁［M］.北京：中华书局，2000.

［172］宗晓莲．布迪厄文化再生产理论对文化变迁研究的意义——以旅游开发背景下的民族文化变迁研究为例［J］.广西民族学院学报（哲学社会科学版），2002（2）：22－25.

［173］邹海蓉，刘辉．从文化再生产到社会再生产——布迪厄文化资本理论研究述评［J］.湖北经济学院学报（人文社会科学版），2011，8（12）：15－16.

［174］Christine B M. The City of Collective Memory：Its Historical Imagery and Architectural Entertainments［M］.Cambridge：The MIT Press，1994：78.

［175］Herskovits M. Acculturation：The Study of Culture Contact［M］.USA：Peter Smith，1937.

［176］Rossi A. The Architecture of the City［M］.Cambridge：MIT Press，1982.

后　记

　　自从 2004 年到烟台工作，后来又在烟台成家，至今已有近 20 年，虽然我并非土生土长的烟台"土著"，但如今也算得上是个地道的烟台人了。在这座城市生活了近 20 年，从陌生到熟悉，再到对这座城市的依恋，我发自内心地喜爱烟台。至今还清晰地记得第一次到烟台时，烟台带给我的那种惊喜——凉爽。我想，当一个人从"火炉"城市到了烟台后，特别是感受到烟台爽爽的夏天后，没人会不爱烟台。其实早在开埠后烟台就因为其优美的自然景色、舒适宜人的气候条件而成为避暑胜地，每年都会有很多外国人到烟台避暑。但是随着我对烟台这座城市了解的深入，越来越被他的城市文化吸引。大约从 2010 年开始，我就开始关注烟台开埠及其带给这座城市的影响，外加所学专业的原因，促使我特别关注开埠与烟台城市民俗变迁的关系，这也是本书的缘起。

　　在此后的几年，我又特别关注生活在烟台这座城市中的人及他们的日常生活，以及烟台城市文化的创新发展等问题，本书的研究思路也由此逐渐形成。按照研究设想，本书要兼顾"微观与宏观"的视角，将烟台的近现代化放置于全球化语境下予以考察，同时要兼顾生活于此的"人"的日常生活，但是由于资料的限制与学识能力等方面的原因，本书还存在一个最大的缺憾。本书以分门别类的民俗志式的记述方式"再现"了近现代烟台城市民俗的变迁，但是这种方法无法系统展示人们"日常生活"的完整面貌，无法兼顾日常生活的主体"人"。但好在本书的研究只是一个起点，以后我将沿着这个研究方向继续深入，以弥补和完善本书中的不足。

在本书即将完成之际，要特别感谢那些长期扎根于烟台地方文化研究的"文化人"，他们的研究为本书提供了大量参考和借鉴。还要感谢那些为我提供帮助的朋友和师长，本书的顺利完成离不开他们的指导与无私帮助。在本书中的写作过程中，参考、借鉴并引用了地方文献资料、学术论文、著作等各种资料，在此对这些作者一并表示感谢。

还要特别感谢山东省社会科学规划研究项目的支持，本书是山东省社会科学规划研究项目"基于文旅融合的中华优秀传统文化的创造性转化与创新性发展研究"（21CKSJ09）的研究成果。同时，感谢鲁东大学"声速输入法"基金的大力支持，本书也是该基金课题"烟台开埠与近现代烟台城市民俗变迁研究"（SSCB202304）的研究成果。

本书的出版也要特别感谢出版社编辑们的辛苦付出。

当然，由于本书的研究对象较为复杂，并且受本人学识能力等因素影响，书中还存在一些不足、错误和纰漏等，恳请读者批评指正。

李 凡

2023 年 1 月